DESCRIPTION PITTORESQUE DE L'AUVERGNE;

Par H. LECOQ,

PROFESSEUR D'HISTOIRE NATURELLE DE LA VILLE DE CLERMONT-FERRAND.

L'IDÉE de décrire une contrée, et de joindre aux descriptions des dessins qui en représentent les principaux sites, n'est certainement pas une idée neuve; mais ce qu'il peut y avoir de nouveau dans une publication de ce genre, c'est l'exactitude que l'on sacrifie souvent à une foule de considérations secondaires, et que je prends l'engagement de respecter.

Les nombreux travaux qui ont été publiés sur l'Auvergne indiquent assez que ce pays, si remarquable sous tous les rapports, est enfin tiré de l'oubli auquel il ne méritait pas d'être si long-temps condamné. Le moment m'a paru favorable pour entreprendre l'*Auvergne pittoresque*.

Il y a peu d'années encore, l'ouvrage que je commence eût été une charge pour l'éditeur : il n'aurait pu réunir un nombre de souscripteurs suffisant pour couvrir ses frais.

Je ne pense pas qu'il en soit ainsi aujourd'hui. Mais lors même qu'une telle publication exigerait quelques sacrifices pécuniaires, je m'y soumettrai volontiers, si je puis contribuer à faire connaître une contrée à l'étude de laquelle je compte consacrer ma vie.

S'il m'est facile, en restant éditeur de mon ouvrage, de surmonter les difficultés de l'exécution matérielle, en m'exposant aux chances du succès, je ne puis espérer de vaincre aussi facilement des obstacles d'un autre genre, et de suivre dans mes descriptions une ligne qui puisse convenir à ce genre de travail. Je tâcherai cependant de maintenir le style descriptif dans de justes limites, mettant de côté ce qui touche de trop près aux sciences, pour le publier plus tard dans des ouvrages spéciaux, sans omettre cependant diverses considérations que tout le monde peut saisir, et que l'on ne pourrait éliminer à dessein, sans se mettre en opposition directe avec l'instruction de la génération actuelle.

L'Auvergne pittoresque sera composée d'un nombre illimité de livraisons indépendantes les unes des autres, mais faites sur le même plan. Chacune d'elles contiendra la description d'une localité plus ou moins étendue, ou d'un site remarquable; un itinéraire, ou une série de promenades autour d'un point central, digne de fixer pendant quelques jours la résidence de l'amateur, du savant ou de l'artiste. La plupart des livraisons contiendront une ou plusieurs lithographies grand in-8°, même format que le texte. Ces dessins, tous copiés avec soin sur la nature, formeront, avec le temps, une collection en miniature des plus jolis points de vue de l'Auvergne.

On pourra acquérir séparément chaque livraison, dont le prix variable, en raison de l'étendue du texte et du nombre des planches, sera indiqué sur la couverture.

ATLAS COLORIÉ DE L'AUVERGNE PITTORESQUE.

Pour répondre au désir de plusieurs personnes, je fais colorier avec le plus grand soin, sur des modèles que j'ai pris sur les lieux, un petit nombre d'exemplaires des lithographies de l'Auvergne pittoresque. Elles seront réunies plusieurs ensemble (mais sans texte) sous une couverture imprimée, qui offrira une note explicative de chaque dessin.

La livraison de quatre planches est du prix de 4 francs.

Deux livraisons de la Description pittoresque de l'Auvergne ont paru.

PREMIÈRE LIVRAISON.
L'INDICATEUR D'AUVERGNE,

Donnant la nomenclature de tous les lieux, sites et monumens remarquables des départemens du Puy-de-Dôme, du Cantal et de la Haute-Loire ;

ET

La liste des ouvrages, cartes, mémoires, etc., qui ont été publiés sur l'ancienne province, ou sur les trois départemens qui la composent.

Ouvrage servant d'introduction à l'Auvergne pittoresque.

Prix : 75 c.

DEUXIÈME LIVRAISON.
LE MONT-DORE ET SES ENVIRONS.

Remarques sur la structure et la végétation de ce groupe de montagnes, avec des observations sur les eaux, le climat, l'agriculture, etc., et la description de tous les sites pittoresques de cette localité ;

Avec itinéraires de Clermont au Mont-Dore, par deux routes différentes.

Un vol. in-8º, avec seize lithographies. — Prix : 8 fr.

SOUS PRESSE :

Vichy et ses environs. — *Itinéraire de Clermont au Puy-de-Dôme.* — *Promenades à Royat.* — *Chaudes-Aigues et ses eaux thermales.* — *St-Nectaire et ses sources incrustantes.* — *Volvic.*

ON SOUSCRIT :

A Paris, chez BAILLIÈRE, rue de l'École-de-Médecine, nº 13 *bis*; à Londres, même maison, 219, Regent-Street.

En Auvergne, chez les principaux Libraires de *Clermont, Aurillac, le Puy, Riom, Thiers, St-Flour, Mauriac, Brioude,* etc., etc.

A Moulins, chez DESROSIERS, Éditeur de l'*Ancien Bourbonnais.*

CLERMONT, IMPRIMERIE DE THIBAUD-LANDRIOT.

DESCRIPTION
PITTORESQUE
DE L'AUVERGNE.

Troisième Livraison.

DESCRIPTION PITTORESQUE DE L'AUVERGNE,

PUBLIÉE PAR LIVRAISONS INDÉPENDANTES, AVEC LITHOGRAPHIES;

Par H. LECOQ.

PREMIÈRE LIVRAISON.

L'INDICATEUR D'AUVERGNE,

Donnant la nomenclature de tous les lieux, sites et monuments remarquables des départemens du Puy-de-Dôme, du Cantal et de la Haute-Loire;

ET

La liste des ouvrages, cartes, mémoires, etc., qui ont été publiés sur l'ancienne province, ou sur les trois départemens qui la composent;

Ouvrage servant d'introduction à l'*Auvergne pittoresque*.

PRIX : 75 cent.

DEUXIÈME LIVRAISON.

LE MONT-DORE ET SES ENVIRONS;

Remarques sur la structure et la végétation de ce groupe de montagnes, avec des observations sur les eaux, le climat, l'agriculture, etc., et la description de tous les sites pittoresques de cette localité;

Avec itinéraires de Clermont au Mont-Dore, par deux routes différentes.

Un volume in-8°, avec seize lithographies. — PRIX : 8 fr.

TROISIÈME LIVRAISON.

VICHY ET SES ENVIRONS,

Avec huit lithographies. — PRIX : 5 fr.

QUATRIÈME LIVRAISON.

ITINÉRAIRE DE CLERMONT AU PUY DE DOME.

SOUS PRESSE :

CARTES ROUTIÈRES DES ENVIRONS DE CLERMONT, VICHY ET LE MONT-DORE,

Indiquant la situation de tous les lieux curieux à visiter, etc.

ON SOUSCRIT :

A PARIS, chez BAILLIÈRE, rue de l'Ecole-de-Médecine, n° 13 *bis*.
A LONDRES, même maison, 219, Régent-Street.
En AUVERGNE, chez les principaux libraires de *Clermont, Aurillac, le Puy, Riom, Thiers, St-Flour, Mauriac, Brioude*, etc., etc.
A MOULINS, chez DESROSIERS, éditeur de l'*Ancien Bourbonnais*.

DESCRIPTION PITTORESQUE DE L'AUVERGNE.

VICHY

ET

SES ENVIRONS,

OU

DESCRIPTION DES EAUX THERMALES, ET DES SITES PITTO-
RESQUES QUI LES ENTOURENT;

AVEC

QUELQUES CONSIDÉRATIONS SUR L'ACTION MÉDICALE DES
EAUX;

OUVRAGE ORNÉ DE HUIT LITHOGRAPHIES;

Par H. LECOQ,

Professeur d'Histoire naturelle, Directeur du Jardin de Botanique de la ville de
Clermont-Ferrand, Rédacteur en chef des Annales scientifiques, littéraires
et industrielles de l'Auvergne, etc.

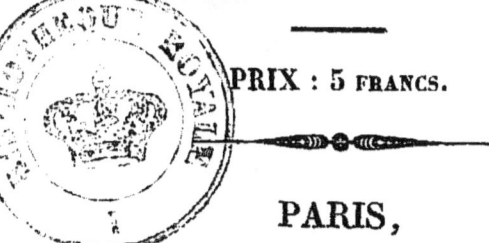

PRIX : 5 FRANCS.

PARIS,

J.-B. BAILLIÈRE,

Libraire, rue de l'École de Médecine, n° 13 *bis*.

LONDRES, MÊME MAISON, 219, RÉGENT STREET.

CLERMONT,

CHEZ LES PRINCIPAUX LIBRAIRES.

1836.

À Monsieur d'Arcet,

Membre de l'Institut de France, de la Société Philomatique, de l'Académie de Genève, &c.,

Hommage respectueux de l'Auteur.

H. Lecoq.

TABLE

PAR ORDRE DE MATIÈRES.

PREMIÈRE PARTIE.

	Pages.
CHAPITRE I. — Départ pour Vichy.	5
Montferrand.	6
Riom.	7
Aigueperse.	8
La butte de Montpensier.	9
Gannat.	*Ibid.*
Vichy.	10
CHAPITRE II. — Considérations générales sur Vichy	14
Remarques sur la ville, les hôtels, la société, les usages et les plaisirs du pays.	*Ibid.*
CHAPITRE III. — De l'ancien état du sol aux environs de Vichy.	31
Ce qu'était la Limagne autrefois.	32
L'ancien Léman d'Auvergne, sa végétation, les phénomènes qu'il présentait.	35
De l'apparition des sources thermales.	37-42
Développement des phryganes	38
Apparition des volcans d'Auvergne et leur influence sur le sol de Vichy.	39
CHAPITRE IV. — Du climat et de la végétation de Vichy.	45
CHAPITRE V. — Des sources et de l'établissement thermal.	53
Description de l'édifice thermal.	*Ibid.*
Description des sources.	56

	Pages.
Volume des sources.	59
Leur température.	60
Composition des eaux de Vichy. . . .	64
CHAPITRE VI. — Considérations générales sur les sources minérales et sur celles de Vichy en particulier.	70
CHAPITRE VII. — Quelques considérations médicales sur les eaux de Vichy.	85
CHAPITRE VIII. — Vichy considéré sous le rapport industriel.	114
Fabrication des eaux gazeuses	116

SECONDE PARTIE.

DESCRIPTION PITTORESQUE.

VICHY. — Recherches historiques sur la ville . .	127
PREMIÈRE PROMENADE. — La côte Saint-Amand et les eaux d'Hauterive.	144
SECONDE PROMENADE. — Les bords du Sichon. .	152
Cusset.	156
Le Saut de la Chèvre et le gour Saillant .	165
TROISIÈME PROMENADE. — Les châteaux d'Effiat et de Randan.	177
QUATRIÈME PROMENADE. — Saint-Germain, Billy, Lafont.	210
CINQUIÈME PROMENADE. — Le château de Busset, Châteldon, Ris.	229

VICHY
ET
SES ENVIRONS.

PREMIÈRE PARTIE.

CHAPITRE PREMIER.
DÉPART POUR VICHY.

Nous avions formé depuis long-temps le projet de visiter Vichy, et ce ne fut qu'en 1835 que nous pûmes le réaliser. Clermont fut notre rendez-vous et notre point de départ.

Nous quittâmes à la fin d'avril la capitale de l'Auvergne, et nous traversâmes lentement la portion de la Limagne qui nous séparait de Riom, l'ancienne émule de Clermont, et qui, malgré la puissante attraction de sa rivale, conserve encore quelques-uns de ses priviléges.

C'est un voyage digne d'envie que de parcourir, par une journée de printemps, cette belle Limagne d'Auvergne, entourée de ses montagnes encore blanchies par la neige de l'hiver, et arrosée par les ruisseaux limpides qui descendent en murmurant de cette ceinture glacée.

Le puy de Dôme, avec sa robe éclatante, dominait le tableau, et de larges sillons noirs qui paraissaient sur ses flancs, annonçaient le retour des beaux jours, et l'apparition prochaine de son enveloppe de verdure.

Les pêchers coloraient les coteaux de la teinte pure de leurs fleurs, et de nombreux amandiers semblaient lutter de blancheur avec la neige des montagnes. Les arbres de la plaine laissaient épanouïr leur feuillage; les oiseaux chantaient dans ces bosquets fleuris, et le soleil qui s'élevait au-dessus des montagnes du Forez, allait rendre à l'Auvergne sa végétation vigoureuse et son ciel méridional. Ce magnifique tableau nous fut un instant caché par les sombres maisons de Montferrand, le *Mons ferreus* des anciens, ville autrefois très-forte, et entourée aujourd'hui de fossés peu profonds que l'on a transformés en jardins. De vieilles maisons garnies d'arabesques d'assez bon goût, sculptées sur la pierre noire de Volvic, attirèrent un moment notre attention, et bientôt après nous retrouvâmes le soleil du printemps éclairant cette campagne célèbre, qui excita si long-temps la cupidité des Romains et des Barbares, et que le roi Childebert désirait tant voir de ses propres yeux, comme le chef-d'œuvre de la nature. Il vit à peine la cité des Arvernes; un brouillard épais lui cacha les riches moissons de la plaine et les montagnes bleues dont la nature l'avait encadrée.

Plus heureux que le roi des Francs, nous vîmes la Limagne aussi belle et plus tranquille qu'à l'époque où son armée y pénétra pour quelques instans ; treize siècles de distance n'avaient point altéré sa fertilité.

Nous étions près de Riom, qui se développait devant nous avec la magnificence d'une ville orientale, entourée de ses bosquets, dominée par ses dômes et ses clochers.

Nous y entrâmes bientôt, et pendant que notre voiture suivait les boulevarts, nous traversâmes l'intérieur de la ville. Nous eûmes le temps de voir l'église de Saint-Amable, son patron, qui en fut curé sous le règne de Chilpéric, et qui illustra sa ville natale par un grand nombre de miracles.

Nous entrâmes aussi dans l'église du Marthuret et dans la Sainte-Chapelle, dont les vitraux de couleur nous parurent très-remarquables, en ce que quelques parties de l'émail colorant avaient échappé à l'action du feu, et restaient encore appliquées sur le verre.

Enfin, nous vîmes comme à Montferrand des maisons fort curieuses par les arabesques élégantes qui encadraient les croisées, et par leur architecture du seizième siècle.

Trois heures après nous étions à Aigueperse, ville qui appartient encore à l'Auvergne, mais qui est bien rapprochée du Bourbonnais. Notre conducteur nous demanda deux grandes heures pour faire reposer son cheval.

Nous en profitâmes pour voir la statue du chancelier de L'Hospital, située dans une des salles de l'hôtel de ville, et le tableau du martyre de saint Sébastien, dans une des chapelles de l'église. Il existe aussi à Aigueperse une Sainte-Chapelle plus remarquable par les modillons grotesques de sa corniche, et la charpente de son toit, que par les ornemens et la distribution intérieure.

On ne laisse passer aucun étranger à Aigueperse, sans lui apprendre qu'il existe près de la ville une fontaine merveilleuse qui bouillonne en hiver, et dont les vapeurs empoisonnent tous les animaux qui s'en approchent. Nous fûmes la visiter, et nous trouvâmes en effet plusieurs oiseaux tombés sur le sol, et asphyxiés par l'acide carbonique qui s'en dégage continuellement dans cet endroit. On a bâti sur le lieu même du dégagement, une petite grotte destinée à représenter aux curieux le phénomène de la grotte du chien de Pouzzoles, et des massifs de verdure commencent à ombrager ce lieu de désolation.

Près de là s'élève la butte de Montpensier, monticule d'argile et de marnes, célèbre autrefois par un château fort où Louis VIII vint mourir, empoisonné, à ce qu'on croit, par le comte Thibaud, amoureux de la reine Blanche.

Il reste à peine des traces de cette ancienne construction. La butte est minée dans tous les sens pour en retirer de minces veines de plâtre.

Nous parvînmes facilement au sommet de Montpensier, point de vue admirable, et le puy de Dôme des Aiguepersois, qui, de là, embrassent d'un coup d'œil la Limagne entière et le groupe des monts Dores. La route de Gannat passe à une petite distance de la butte de Montpensier. Nous y retrouvâmes notre voiture, avec laquelle une heure plus tard nous faisions notre entrée à Gannat.

Cette petite ville nous parut dans une situation fort agréable, au pied de coteaux couverts de vignes, et sur un des bords de la Limagne. On y voit encore la rue des Bouchers, et celle des Augustins que traversa sainte Procule de Rodez, la patronne de la ville, lorsque, décapitée par S. Gérand, Dieu lui accorda, par un miracle, la faveur de porter elle-même sa tête jusqu'à l'église de Sainte-Croix, où elle vint communier. Les précieuses reliques de la sainte furent réclamées par le clergé de Rodez; la tradition et le miracle restèrent à Gannat.

Quatre lieues nous séparaient encore de Vichy; nous parvînmes à les franchir en trois heures et demie, traversant un pays moins fertile et moins riche que les terres d'Auvergne. Nous vîmes en passant le clocher de Cognat, isolé du village, et près duquel eut lieu, en 1568, une rencontre des catholiques et des protestans, le jour même de la fête des Rois. Nous aperçûmes enfin Vichy et la belle vallée dans laquelle il est situé. De hauts peupliers nous cachaient en partie la ville, et le soleil couchant éclairait encore la surface de l'Allier qui fuyait au loin au milieu de riches campagnes. Au delà de Vichy s'élevaient des coteaux cultivés, nuancés comme ceux qui avoisinent Clermont, de la teinte pourpre des pêchers, du blanc pur des amandiers, et du vert tendre de tous les arbres qui s'élevaient en amphithéâtre, et développaient leur feuillage et leurs fleurs.

Un pont de fil de fer, soutenu par de massifs piliers, établissait une communication facile d'une rive à l'autre. Le but d'utilité avait été atteint; quant à l'élégance, on n'y avait nullement songé; et malgré les exclamations de notre conducteur qui voyait pour la première fois un pont suspendu, nous restâmes convaincus que sans nuire en rien à sa solidité on aurait pu mieux faire.

Nous en profitâmes néanmoins et nous fûmes heureux d'arriver; car nous avions voyagé dans une de ces voitures de la France centrale, que l'on désigne vulgairement sous le nom de *patache*, voitures dans lesquelles quatre personnes placées dos à dos, ne peuvent malgré cela saisir à elles quatre l'ensemble du paysage, et dont tout le perfectionnement, depuis le règne d'Henri IV, consiste à avoir remplacé par une caisse d'osier les deux barres de bois sur lesquelles on appuyait les pieds quand on ne trouvait pas plus commode de laisser pendre ses jambes entre les deux roues.

Ces voitures, pour le dire en passant, qui primitivement étaient à l'usage de toutes les classes de la société, sont principalement destinées maintenant au transport des maçons, chaudronniers et porteurs d'eau, qui chaque année émigrent des montagnes du Cantal ou des plaines de la Creuse et de la Haute-Vienne, pour se diriger sur tous les points de la France.

Le maçon avec ses outils est *l'unité de poids* dont se sert le conducteur ou *patachon* pour régler la vitesse de son cheval et calculer sa charge. Nous étions trois, et nous ne fûmes estimés que *deux maçons*, notre bagage compta pour un troisième, et nous payâmes comme six. A la vérité, le patachon nous fit observer que sa voiture pouvant contenir six et même sept maçons, nous avions gagné en vitesse ce que nous avions de moins en charge et ce que nous donnions de plus en argent.

Nous étions trop contents d'arriver pour entamer une discussion sur ce sujet; nous n'avions pas eu à Clermont, à cette époque, le choix d'une autre voiture; il fallait subir toutes les conséquences de la patache. La dernière fut la plus humiliante et la plus inattendue.

Au bruit d'une voiture qui s'arrêtait devant un des grands hôtels de Vichy, la maîtresse de la maison, escortée de son cuisinier qui n'avait pas encore pris le costume d'usage, s'avança jusque sur le seuil de sa porte pour voir à quelle sorte de gens elle avait affaire. J'ignore si elle nous aperçut, mais elle disparut promptement, et nous attendîmes inutilement qu'un domestique vînt ouvrir les deux battants de la grande porte; notre patache n'était pas digne d'un tel honneur. Pensant qu'on n'avait vu que le dehors, sans apercevoir l'intérieur, nous nous présentâmes en personne à l'hôtel......, où l'on nous répondit que l'on n'était pas en mesure de nous recevoir. Il fallut, bon gré mal gré, chercher un autre gîte, et nous commencions à craindre qu'une semblable réception nous attendît partout. Nous nous trompions, car nous fûmes très-bien accueillis dans l'hôtel voisin, qui passe à juste titre pour un des meilleurs de Vichy.

Nous prîmes nos arrangements pour y passer la saison des eaux. Bien qu'aucun de nous ne fût indisposé, nous voulions rester assez long-temps à Vichy pour jouir en observateurs discrets de toutes les scènes qui pouvaient se passer sous nos yeux, et pour parcourir en amateurs les sites pittoresques des environs. Ce sont nos impressions communes que je vais seul essayer de reproduire, sans me croire obligé de les retracer dans l'ordre où elles se sont présentées.

CHAPITRE II.

QUELQUES CONSIDÉRATIONS GÉNÉRALES SUR VICHY.

Si, au lieu d'arriver à Vichy par une belle soirée encore éclairée des derniers rayons du soleil, nous y étions entrés la nuit, nous nous serions attendus à voir le lendemain matin de hautes montagnes, et une ville bâtie dans une gorge profonde ou près d'un roc escarpé. La plupart des établissements thermaux sont dans cette position, et c'est presque toujours au milieu d'une contrée aride et sauvage que la nature a caché l'issue de ces sources salutaires.

Il en est tout autrement à Vichy ; une campagne fertile, un climat doux et tempéré, des prés fleuris, des coteaux couverts de vigne et de riches moissons, en font un séjour tout différent du Mont-Dore, de Barrèges, de Bagnères et de la plupart des lieux célèbres par leurs eaux thermales. La saison des eaux y commence plus tôt et s'y termine plus tard.

La ville n'offre rien de remarquable : située, pour ainsi dire, à distance égale de Clermont et de Moulins, elle est éloignée d'environ quinze lieues de chacune de ces deux villes. Une demi-lieue seulement la sépare de Cusset.

Le Sichon et le Jolan, deux petites rivières qui descendent des montagnes, viennent passer très-près de Vichy, et l'Allier qui porte ses eaux dans la Loire, anime et vivifie le magnifique bassin où il est placé.

L'établissement thermal est séparé de la ville par un jardin qui offre de belles promenades ombragées ; il est vaste, bien bâti en pierre blanche et calcaire, et contribue singulièrement à l'embellissement de ces lieux. La plupart des hôtels en sont très-rapprochés, en sorte que d'un côté se trouve la vieille ville avec ses rues étroites, tortueuses et mal pavées, sa vieille tour et ses restes de remparts; de l'autre est le quartier neuf ou quartier des eaux, avec son jardin, ses promenades et ses hôtels.

Les sources sont disséminées ; plusieurs d'entre elles alimentent l'établissement thermal ; d'autres, de peu d'importance, se trouvent derrière les hôtels, près de la route de Cusset; une des plus belles est située sur une petite place, au bout du jardin et très-près de la vieille porte de Vichy. Elle appartient à l'hôpital.

Nous reviendrons plus loin sur ces sources ; nous nous occuperons de leur volume, de leur température et de leur composition ; nous parlerons de leurs propriétés ; nous décrirons l'établissement thermal, et nous essaierons, avec les documens que nous avons pu nous procurer, de réunir quelques souvenirs historiques sur une ville qui fut long-temps sous la domination romaine, et à laquelle les anciens rois de France attachaient une certaine importance.

Nous employâmes les premiers jours de notre séjour à Vichy à parcourir un peu les environs, à étudier le sol et ses productions, à visiter avec détail les sources et l'établissement thermal ; enfin, à prendre connaissance des lieux, avant que l'affluence des malades et des curieux vînt nous distraire de la partie scientifique de notre examen.

Cependant quelques personnes étaient déjà arrivées, et l'on faisait partout de grands préparatifs pour recevoir les étrangers. On nettoyait les chambres, on lavait les carreaux de vitres, on peignait le jardin, et l'établissement thermal, près duquel nous étions logés, faisait aussi sa toilette ; les chefs de cui-

Vue générale de Vichy, et de la Source des Célestins.

sine avaient endossé la veste d'indienne et pris le bonnet blanc. Des voitures chargées de poulets, d'œufs, de fromage et d'une foule de provisions se succédaient tous les jours; les magasins s'ouvraient, les marchandises étaient étalées, et, à l'instar de la vieille galerie de bois du Palais-Royal, on voyait aussi à droite de l'établissement une série de baraques occupées par le carrossier, le limonadier et le pharmacien de l'endroit. Là était aussi le cabinet de lecture et le bureau des diligences. Celles-ci, engourdies pendant l'hiver, arrivaient d'abord de temps en temps, puis tous les deux jours, et enfin un service réglé et quotidien annonçait l'ouverture de la saison des eaux, qui n'était officielle qu'à l'arrivée des docteurs.

Chaque jour les voitures publiques de Moulins et de Clermont débarquaient de nouveaux visages qui, après s'être considérés attentivement pour savoir s'ils se reconnaîtraient, se casaient dans les divers hôtels selon leurs goûts, leurs habitudes, leur fortune ou leur caprice. Bientôt arrivèrent les chaises de poste qui se succédaient rapidement, et devant lesquelles s'ouvraient, comme par enchantement, les portes qui restèrent fermées à notre patache d'Auvergne.

Vichy se peuplait de gens riches et de grands malades. Le service des bains et celui des hôtels étaient en pleine activité. Les tables d'hôte qui, peu de jours auparavant, portaient quelques couverts à l'une de leurs extrémités, se trouvaient garnies, dans leur immense longueur, de gens qui commençaient à se connaître, qui souvent étaient très-liés le lendemain, et qui, un mois plus tard, devaient se séparer pour ne plus se revoir.

Chaque table était composée de gens parlant ou mangeant, à l'exception d'un petit nombre d'individus auxquels leur santé ne permettait ni l'une ni l'autre de ces fonctions, et qui assistaient au repas par habitude ou par distraction. La proportion de ces diverses sortes de convives décidait ordinairement du plus ou du moins de gaieté de chaque table. Il était rare aussi qu'une réunion ne possédât pas un ou plusieurs de ces êtres dont l'intelligence est en partie remplacée par de la vanité, et dont le rôle est d'amuser les autres à leurs dépens. On est heureux d'avoir à sa disposition quelques-uns de ces individus. La gaieté est un des éléments de guérison que l'on rencontre aux eaux, et ceux qui, avec ou sans connaissance de cause, peuvent la faire naître, ont des droits acquis à la reconnaissance publique. On peut donc se rendre utile sans le vouloir. Le développement de l'esprit et de l'intelligence n'ayant aucun rapport avec les proportions du corps, chacun occupait sa place à table; et comme il arrivait chaque jour de nouveaux convives, il fallut allonger les tables. Enfin, on ne put agir de même sur les salles à manger qui devinrent trop petites et les hôtels trop étroits. L'affluence fut telle, pendant la dernière quinzaine de juin et le mois de juillet, qu'il était impossible aux nouveaux venus de trouver un lit, et une place au réfectoire. On campait dans les corridors et dans les greniers; on cherchait un abri jusque dans la vieille ville, au point même que les hôtels de Cusset se ressentirent de l'affluence, et par contre-coup il en fut de même des *omnibus* du chef-lieu de canton, qui, après le nom et les six sous d'usage, ressemblaient à ceux de Paris comme les barraques dont j'ai déjà parlé ressemblent à la galerie actuelle d'Orléans.

Vichy avait atteint alors son plus haut degré de splendeur; il faut l'avoir vu à cette époque pour se faire une idée de ces grandes réunions, de ces individus de tous les âges et de toutes les conditions, groupés autour d'une source thermale. Il n'existe en France aucune localité qui puisse offrir le même spectacle.

A peine le jour a-t-il paru que tout est en mouvement dans les hôtels. A cinq heures on voit déjà quelques malades traverser le jardin, et se diriger vers la source de *l'Hôpital* ou celle des *Célestins*. A six heures ou sept heures, presque toute la population étrangère est en courses. On voit alors les toilettes du matin, dont quelques-unes ne sont pas sans prétention; on se rencontre, on se salue, mais on parle peu; toute l'attention est dirigée vers les deux sources que j'ai citées tout à l'heure, et où chaque malade peut boire à son gré moyennant la rétribution de cinq centimes par jour. Deux naïades d'un âge mûr sont préposées à la garde des fontaines. Celle des Célestins, tranquillement assise près de son filet d'eau, guette de loin le buveur, et lui offre son onde pure et transparente qu'il fait parfois tarir; tandis que sa rivale, debout près d'un bassin bouillonnant, dont elle écarte continuellement l'écume verte et soluble, puise au bouillon même la boisson salutaire qu'elle distribue avec tant de libéralité.

La Grande-Grille, située sous une des galeries de l'établissement thermal, a aussi sa divinité protectrice, ainsi que le petit puits Chomel qui en est peu éloigné. Ces deux sources plus rapprochées des hôtels, abritées par une galerie, auraient souvent la préférence, si MM. les docteurs ne réglaient leurs attributs avec une juste impartialité. Chacun les écoute, se soumet et obéit en silence, et là, pendant quelques mois, se trouve réalisé un des plus beaux principes du saint-simonisme, *le règne de la capacité*.

L'usage et les médecins prescrivent plusieurs verres d'eau minérale, qui parfois doivent être pris à des sources différentes ; ils veulent que l'intervalle qui les sépare soit employé à la promenade, et l'on se promène.

L'heure du bain succède à l'exercice ; des numéros d'ordre sont destinés à régulariser le service, et des cartes de couleur différente indiquent aux personnes de l'un et l'autre sexe l'heure et les cabinets qui leur sont destinés.

Une demi-toilette et le déjeuner viennent après le bain, et c'est ordinairement pendant ce repas que l'on calcule les chances de pluie ou de beau temps, et que l'on se dispose à faire quelques promenades dans les environs.

On discute les avantages et le pittoresque de la *côte de Saint-Amand*, des *châteaux d'Effiat* et *de Randan*, du *parc de Lafont*, du *château de Busset*; on parle même *de Billy* et *du gour Saillant*, et l'on se décide ordinairement pour les *rives du Sichon*, le *saut de la Chèvre* ou *les Grivats*, comme plus rapprochés et plus faciles à atteindre à pied ou sur les montures du pays. Nous avons vu, pendant notre séjour, tous les sites dont nous entendions faire l'éloge, et en général nous n'avons pas regretté le temps que nous avons employé à ces charmantes promenades. Nous essaierons plus loin de servir de guide aux personnes qui voudront les répéter.

Entre le déjeuner et le dîner se trouvent six grandes heures que chaque malade, ou, pour parler plus exactement, chaque individu peut ordinairement dépenser à son gré; elles sont partagées entre la promenade, les visites, la toilette ou les causeries de salon; car chaque hôtel a sa salle de réception assez bien meublée et munie d'un piano, dont le son et la justesse ne se trouvent pas toujours en rapport avec le talent musical des personnes auxquelles il est destiné.

Le dîner, quoique ressemblant beaucoup au déjeuner, est en général plus gai. C'est l'époque de la narration, et, outre les événemens survenus pendant les courses, on apprend les noms et qualités des nouveaux arrivés, et l'on se met mutuellement au courant d'une foule de petites scènes que je ne pourrais dévoiler sans compromettre ma position d'observateur discret.

A cette époque, les jours sont longs, les soirées sont belles, surtout à Vichy, et les personnes qui peuvent, sans nuire à leur santé, s'exposer à l'humidité et à la piqûre des cousins, profitent de la fraîcheur pour parcourir les environs.

Deux promenades se disputent alors les honneurs de la soirée, ce sont les rives du Sichon et le jardin de l'établissement. Ce dernier obtient la préférence ou du moins la majorité. De grandes allées qu'ombragent de vieux tilleuls, des platanes et quelques ormeaux, limitent des tapis de gazon entourés de plate-bandes fleuries. Le rosier à cent feuilles, le lys et la verge d'or s'y mêlent aux groupes de scabieuses pourprées, et dominent les épis violets des delphinium et les fleurs soufrées des œnothères. Plus tard, des buissons d'aster leur succèdent, et des passe-roses aux fleurs omnicolores annoncent l'automne et le départ. Au milieu, se trouve un bassin, entouré de sorbiers aux fleurs blanches et aux grappes éclatantes. Cinq avenues principales divisent le jardin, mais une seule, celle du milieu, reçoit les habitans des hôtels voisins; les allées latérales semblent appartenir à une autre contrée : tout y paraît mystérieux, on y parle à demi-voix, on s'y promène pour fuir la foule; elles sont pour les confidences de vraies succursales des bords enchanteurs du Sichon. Dans celle du milieu, se pressent les flots d'une foule élégante qu'un mouvement ondulatoire transporte successivement d'une extrémité à l'autre de l'avenue. Là, se trouve réunie l'élite des malades et des curieux, sorte de bigarrure dans laquelle chaque partie de la France et chaque pays de l'Europe se trouve représenté. Vichy rappelle alors ces grandes villes maritimes, où toutes les nations viennent se confondre et se mélanger pour leurs intérêts commerciaux. Là aussi, un intérêt commun les rassemble, c'est celui de la vie; ils viennent échanger la richesse pour la santé, échange inégal si souvent tenté, et que la réalité ne vient pas toujours couronner de succès. Là, apparaissent en quelques jours aux yeux du philosophe, ces contrastes frappants qu'une vie entière ne pourrait saisir dans l'isolement. Personnages de tous les pays, de tous les âges, se pressent et se confondent; figures colorées et embellies de santé, près de visages étiolés dans les villes, et jaunis par l'ennui ou le chagrin; femmes jeunes, belles, élégantes, tandis que d'autres, ridées et chancelantes, n'ont conservé de leur jeunesse que l'esprit et la bonté qui ne s'effacent jamais, et dont le souvenir ne s'éteint qu'à la mort de leurs amis. Quelle différence d'opinion entre tous ces hommes réunis sous le même ombrage, et dont plusieurs sont sincèrement séparés par le présent, du passé qu'ils regrettent ou de l'avenir qu'ils attendent! Quelle distance entre les hautes fonctions du magistrat, la vie errante et capricieuse de l'artiste, les habitudes réglées du rentier, et celles du vieux guerrier auquel ses blessures rappellent des souvenirs de gloire! Combien de grands noms, combien de célébrités mélangées dans ce petit espace, et qui, un jour, seront soumises au grand triage de la postérité!

C'est le dimanche qu'il faut arriver à Vichy, pour voir cette réunion brillante qu'embellissent encore les jolies femmes de Cusset et des environs. C'est un rendez-vous général auquel viennent souvent assister des beautés de Moulins et de Clermont. Des chaises disposées sous les arbres, ajoutent au petit rapprochement que l'on a déjà pu faire de cette promenade du dimanche avec le mercredi et le vendredi des Tuileries. Ce n'est pas ici une parodie, car les mêmes acteurs ont souvent figuré sur les deux théâtres.

Cette longue avenue où tant de grands noms et de nullités viennent se confondre, aboutit d'un côté sur la petite place où est située la source de l'Hôpital, et de l'autre à l'établissement thermal dont la galerie centrale lui fait suite. Une autre galerie latérale fait face au jardin, et s'ouvre par dix-sept arcades qui décorent la façade du bâtiment. C'est là que se rassemblent ordinairement les gens de la campagne et une partie de la population de Vichy. La danse qui, dans la plupart des pays, est un amusement, est pour les habitants du Bourbonnais un objet de première nécessité, et l'on peut s'en convaincre en pénétrant sous les arcades.

On y trouvera ordinairement deux groupes, présidés chacun par une vielle ou une cornemuse. Les deux instruments sont, comme les deux groupes, complétement indépendants l'un de l'autre, et forment, en jouant des airs différents, une harmonie dont toute la longueur du péristyle ne peut affaiblir l'âpreté.

Il y a ordinairement lutte entre les deux instruments qui, rétribués selon le nombre des danseurs, cherchent à les attirer par le bruit plus que par les nouveautés ; en sorte que cette concurrence ne tourne nullement au plaisir des spectateurs.

Quoi qu'il en soit, les *bourrées* (1) (c'est la danse du pays), se succèdent rapidement, et à peine si les couples heureux, qui forment les éléments de chacun de ces groupes, ont le temps d'essuyer la sueur qui forme d'abord des raies sinueuses sur leur visage, et qui, suivant la pente de leurs joues, se réunit en véritables ruisseaux, dont la cravate ou la collerette vient interrompre le cours.

Nous avons souvent passé des heures entières à examiner ces danses villageoises, dont la seule figure consistait en un mouvement d'oscillation, dont les limites étaient fixées par la largeur du péristyle. L'uniformité de

───────────────────────────────

(1) « Il y a ici des femmes fort jolies ; elles dansèrent hier des bourrées du pays qui sont en vérité les plus jolies du monde. Il y a beaucoup de mouvement, et l'on se *dégogne* extrêmement ; mais si on avait à Versailles de ces sortes de danseuses en mascarades, on serait ravi par la nouveauté ; car cela passe encore les bohémiennes. Il y avait un grand garçon déguisé en femme qui me divertit fort ; car sa jupe était toujours en l'air, et l'on voyait dessous de fort belles jambes. » (*Lettres de Sévigné*, Vichy, le 26 mai 1676.)

mouvement répondait parfaitement à la monotonie de la musique, et quoique cette danse ressemblât beaucoup à la *montagnarde d'Auvergne*, il faut rendre justice aux *Bourbonichons*, et leur accorder pour la galanterie une haute prééminence sur les *Auvergnats*; car j'ai vu plusieurs fois ces derniers danser entre eux, après avoir abandonné leurs danseuses, parce qu'elles ne pouvaient pas frapper du pied avec assez de force, et faire assez de bruit en battant des mains. Une telle impolitesse n'a pas d'exemple dans les coins les plus reculés du Bourbonnais. La danse semble pour eux une occupation très-grave; ils suivent, l'air sérieux et les bras pendants, tous les mouvements de leur danseuse, s'efforcent de faire paraître leur talent dans tout son éclat, et quelques-uns seulement, plus hardis ou plus encouragés, se permettent de tenir les mains de leurs dames dont ils ne s'éloignent par conséquent jamais au delà de la longueur de leurs bras. Les rafraîchissements, si nécessaires après un tel exercice, se trouvent naturellement dans la grande galerie qui traverse l'établissement, et qui, placée dans la direction du nord au sud, sert presque toujours de passage à un courant d'air froid.

Dans ces réunions villageoises, se retrouvent les costumes du pays, quelquefois purs et plus souvent nuancés, et s'éloignant déjà du type primitif si curieux à étudier.

Chacun danse à son tour; l'habitant des campagnes cesse quand le jour l'abandonne; le riche commence, quand la nuit survient. Le salon de chaque hôtel se transforme alors en une salle de bal; on abandonne la promenade, et le piano touché d'une main légère, annonce la valse ou la contredanse. Il est rare qu'une soirée se passe sans danser, et souvent même des bals s'organisent plus en grand dans les hôtels, et chaque société, en faisant successivement les frais, invite ses voisins à venir prendre leur part de plaisir.

Enfin, Vichy offre encore un moyen de distraction, c'est le salon dont on obtient l'entrée moyennant une petite somme que l'on paye à celui qui s'en est rendu adjudicataire. Il occupe au-dessus du rez de chaussée toute la façade du bâtiment thermal. Le billard, les journaux, le jeu et le bal y ont chacun leur appartement séparé. La salle de bal ou le grand salon est décoré avec beaucoup de goût. Le bronze, les glaces et des draperies blanches en font tout l'ornement, et une sorte d'amphithéâtre, placé à l'une de ses extrémités, reçoit l'orchestre dans les grandes occasions ; car souvent il y a réunion au salon. On s'en aperçoit dès le matin aux guirlandes de fleurs et de feuillage que l'on tend sous le péristyle, et aux vases de fleurs destinés à orner le rapide escalier qu'il faut subir avant d'entrer.

L'annonce du bal se propage avec la rapidité de l'étincelle électrique. Chacun fait ses apprêts, et la ville de Cusset envoie encore son contingent.

Un bal est à Vichy ce qu'il est partout, un mélange de grâces, de ridicules et de prétentions inégalement distribués sur une masse mouvante et animée; c'est une scène brillante de la vie, où chacun devrait prendre, comme acteur ou spectateur, la part qui revient à son âge et à son état de santé.

Ces limites ne sont pas toujours strictement observées; mais enfin le bal cesse, la journée est finie, le temps s'est écoulé, tout disparaît en quelques instans ; le repos ou l'insomnie conduisent au lendemain.

CHAPITRE III.

DE L'ANCIEN ÉTAT DU SOL AUX ENVIRONS DE VICHY.

Quand on considère Vichy, comme nous venons de le faire, avec sa population étrangère, ses fêtes et ses plaisirs, on a peine à concevoir l'état primitif de cette contrée avant que la nature l'ait rendue accessible à l'homme. Jetons un regard sur le passé, étudions les faits tels qu'ils se présentent actuellement, et peut-être pourrons-nous faire quelque pas vers l'avenir. Personne n'ignore que la terre que nous habitons n'a pas toujours été ce qu'elle est aujourd'hui. Après sa création, des forces puissantes agissaient encore, et de même que nous voyons les grandes rivières former à leur embouchure de vastes deltas dont l'homme vient s'emparer, de même à une époque très-reculée parurent des continents entiers sur lesquels la vie vint bientôt s'étendre.

Vichy, par sa position géologique, est lié à l'Auvergne et fait partie de cet immense bassin que l'on nomme *Limagne*. Là existait une grande nappe d'eau, comme celle qui aujourd'hui vient baigner les murs de Genève, et qui a conservé son vieux nom de *Léman*, qui offre tant d'analogie avec le précédent. Tout, en effet, autour de Vichy annonce l'action des eaux qui durent pendant long-temps couvrir les parties basses de l'Auvergne et du Bourbonnais. Des cailloux roulés et arrondis, semblables en tout à ceux qui forment les plages de l'Allier, se retrouvent aux environs, et forment des couches puissantes qui témoignent de l'ancien séjour du fleuve. Des assises calcaires placées au-dessous renferment des débris de coquilles dont les formes encore conservées nous montrent des animaux qui habitaient les eaux douces, et nous prouvent par conséquent que la mer n'a pas couvert cette riche campagne qui se développe si belle et si riante par un beau jour d'été. L'examen le plus minutieux des terrains des environs de Vichy, montre que toutes les couches qui composent le sol se sont déposées dans un liquide qui emplissait alors un vaste bassin. Des montagnes de natures différentes en formaient les bords, qui toujours intacts nous dessinent maintenant sa forme et nous montrent ses anciennes limites. Des porphyres, des granites et des roches primitives ont résisté à l'action du temps et aux efforts des eaux. On les voit derrière Cusset, on les retrouve près de Gannat. Une nappe d'eau de cinq lieues d'étendue couvrait l'espace qui sépare aujourd'hui ces deux villes. Le bassin allait se terminer en pointe au fond de l'Auvergne, à trente lieues de Vichy, et s'ouvrait ensuite dans la plaine du Bourbonnais, atteignant alors une largeur de vingt lieues. Dans quelques endroits il offrait plusieurs étranglements dont on peut facilement signaler la position. Etait-ce un grand lac, comme ceux qui existent dans l'Amérique septentrionale, ou bien une immense rivière rassemblant les eaux du haut plateau de l'Auvergne, alimentée par une foule de lacs et bassins secondaires, et promenant majestueusement son cours jusque dans l'Océan bien moins éloigné qu'aujourd'hui! l'Amérique qui semble une terre moins vieillie que la nôtre, nous offre encore de nombreux exemples de ces grands fleuves qui s'élargissent à leur embouchure, et conduisent vers les flots de la mer une énorme masse d'eau qui lutte inégalement contre eux. La Limagne fut peut-être un jour dans l'état actuel du lac Erié, qui verse ses eaux dans le lac Ontario, et entre lesquels se trouvent les fameuses cataractes de Niagara. Déjà depuis les temps historiques le saut du fleuve a reculé de douze mille mètres, et le temps qui n'est rien pour la nature, amènera nécessairement la chute sur le bord du lac Erié, dont les eaux épanchées iront grossir et faire déborder celles d'Ontario. Le lac Erié offrira alors un bassin vierge dont la végétation ne tardera pas de s'emparer. De vastes prairies et d'immenses marais occuperont les parties basses; des bois se développeront sur ses pentes, et la verdure cachera les couches alluviales que les flots compriment maintenant de tout leur poids. Le fleuve Saint-Laurent, traversant ce bassin, ira sortir à travers l'ouverture creusée par les cataractes, comme nous voyons le Rhin s'échapper de l'Alsace par l'échancrure qui s'étend de Bengen à Bonn, comme l'Allier traverse la Limagne, comme un filet d'eau sillone la vase d'un étang dont on a rompu la digue.

Les géologues qui considèrent la Limagne comme le fond d'un ancien lac, ont essayé de marquer les limites qui contenaient ses eaux, et plusieurs ont placé sa digue à une petite distance de Vichy, s'appuyant des noms de *Creusier*, *Saint-Germain-les-Fossés*, pour ramener aux temps historiques le grand événement qui dut émerger la plus belle partie de l'Auvergne ; nul doute que de vastes marais n'aient conservé, jusqu'à notre époque, les preuves irrécusables du séjour de l'eau sur ces terres fertiles, qui leur doivent naissance ; mais nulle part on ne peut placer les limites d'une digue assez puissante pour fermer ce grand lac.

Quelque idée qu'on adopte à ce sujet, il n'est pas moins évident que cette plaine immense qu'on découvre de la côte de Saint-Amand ou du château de Busset, a été entièrement submergée. Une mer intérieure en couvrait toutes les parties, et le soleil qui maintenant mûrit de riches moissons, se réfléchissait tout entier sur ce vaste bassin.

Quel tableau majestueux devait alors présenter l'Auvergne, lorsque des plantes et des animaux entièrement différents de ceux qui peuplent sa surface, et dont les débris se trouvent enfouis dans le sol de la Limagne, animaient des lieux que l'homme n'avait jamais foulés. Des palmiers aux larges feuilles, des fougères arborescentes, penchaient sur les eaux leur feuillage étranger ; de pesants crocodiles se vautraient dans la fange au milieu de roseaux d'espèces inconnues ; l'éléphant, le rhinocéros, la hiène et le tigre habitaient nos climats où les hivers étaient encore inconnus. De grands végétaux herbacés formaient sur les montagnes d'épaisses forêts, retraite de cerfs nombreux et de légers antilopes. Là se présentaient alors ces grandes scènes de vie de la zone torride, scènes où les animaux régnaient en l'absence de l'homme. Là aussi sans doute l'atmosphère fut le théâtre de majestueux phénomènes. Des nuages électriques durent souvent se grouper au-dessus des eaux; le vent de la tempête a dû les agiter, et les flots soulevés en vagues mugissantes durent rouler avec fracas sur ces plages limoneuses, où le bourdonnement de nos fêtes et l'agitation de notre courte existence ont remplacé ces grandes harmonies de la nature.

Des torrents de pluie s'échappèrent de ce choc des nues, et des orages dont ceux de 1835 pourraient nous donner une faible idée, charriaient au milieu des eaux les débris des montagnes et les dépouilles des corps organisés. C'est dans cet antique musée que je cherche aujourd'hui les pages de mon récit. D'autres phénomènes se passaient dans les profondeurs du Léman d'Auvergne. De nombreuses fissures en communication avec le centre du globe, amenaient incessamment des eaux calcarifères qui se répandaient dans toute la masse du lac, et qui se déposaient ensuite en couches plus ou moins épaisses, plus ou moins pures, plus ou moins étendues ; les sources de Vichy durent alors fournir leur contingent, une vive ébullition a certainement signalé leur présence, et leur acide devait s'élever en bouillonnant pour se perdre dans l'air.

Quelques oiseaux aquatiques, dont les œufs enveloppés par les dépôts calcaires sont parvenus jusqu'à nous (1), sillonnaient les eaux du Léman et faisaient seuls retentir les échos de leurs cris discordants. C'est à la fin de cette période que se développèrent sur les bords du lac, sur ses îles et dans tous les lieux peu profonds, des myriades de petites coquilles, et une quantité innombrable d'insectes analogues à ceux qui vivent aujourd'hui sur le bord des étangs et des ruisseaux. Ils ressemblaient à ceux que l'on connaît maintenant sous le nom de *Phryganes*, et qui le soir voltigent en groupes près des lieux où ils viennent d'éclore. Ils devaient obscurcir l'air de leur nombre prodigieux ; leurs larves habitaient l'eau. Elles s'y construisaient, au

---

(1) On peut voir à Cusset, chez M. le docteur Giraudet, un groupe d'œufs fossiles extrêmement remarquable, et provenant d'une carrière située près de cette ville.

moyen de quelques fils de soie, un tuyau qui leur servait d'abri, et qu'elles entouraient de grains de sable, de petites pierres, ou des petits coquillages que la mort des animaux avait rendus vacants. Dès lors le niveau du lac commença à baisser. Les phryganes qui d'abord n'avaient paru qu'au sommet des îles presque émergées, ou sur les côtes placées à fleur d'eau, suivirent graduellement l'abaissement du bassin; elles formèrent des groupes serrés, sur lesquels les eaux déposèrent leur limon calcaire, et des couches puissantes résultèrent du double travail de ces insectes et des sources incrustantes qui perçaient de tous côtés. Les coteaux de Creusier et de Saint-Germain, la butte de Billy, celle de Montgacon, tous les environs de Gannat, sont couronnés de ces masses concrétionnées, qui plus tard se formèrent aussi dans les bas-fonds, et couvrirent bientôt une partie des plaines du Bourbonnais.

On a peine à concevoir l'existence de cette prodigieuse quantité de coquillages et d'insectes qui habitèrent alors le bassin de ce grand lac. Des plantes moins différentes de celles qui vivent actuellement aux environs de Vichy, commençaient à partager avec les autres un sol dont elles devaient plus tard les exclure. Les espèces animales avaient aussi changé comme le climat, et les derniers dépôts se formaient lentement autour des sources minérales qui plus tard devaient en partie tarir.

Plusieurs siècles s'écoulèrent ainsi ; mais des phénomènes d'un autre genre étaient sur le point d'éclater. Les volcans n'avaient pas encore paru ; de puissants filons de roches à base d'amphibole, des porphyres et quelques granites modernes avaient déjà frayé leur passage et préparé la sortie de leurs laves. Des secousses violentes ou un simple frémissement du sol avaient déjà changé le niveau du lac ou fait onduler ses eaux. De larges nappes de lave s'épanchèrent au midi, le mont Dore parut à l'horizon, et quelques-unes des longues coulées qui percèrent ses flancs descendirent jusqu'au bord de l'eau ; des produits ponceux, des quartiers de rochers entraînés par de puissants courants, vinrent couvrir sur certains points les couches calcaires déjà formées, entraînant avec elles les derniers débris de races éteintes et anéanties dans ces grandes convulsions du globe. De tels changements ne pouvaient s'accomplir sans violentes secousses, sans de longs ébranlements qui, soulevant ou disloquant les terrains, durent contribuer à baisser encore les digues qui retenaient captives les eaux de la Limagne. Tout annonce pourtant que le lac exista pendant la longue durée de l'émission des laves. Des îlots volcaniques parurent au-dessus des eaux, souvent battus par les flots, et quelquefois anéantis par eux, comme l'île Julia le fut, dans ces dernières années, par les vagues de la Méditerranée. Aujourd'hui mis à nu par la retraite des eaux, ces îlots forment les pics de basalte situés entre Clermont, Issoire et Pont-du-Château. Leur apparition a dû déplacer un volume d'eau considérable, et contribuer ainsi à répandre au-dehors une partie du Léman; cependant ses flots balancèrent leurs débris, et de nombreux fragments usés par le roulis gisent maintenant bien au-dessus des plus grandes crues de l'Allier (1).

Une dernière convulsion devait agiter encore le sol que nous foulons aujourd'hui; la terre fut encore ébranlée; des vagues énormes furent soulevées, et, chassées avec violence du bord occidental du bassin, vinrent se briser sur le rivage où Vichy s'est élevé sur les dé-

---

(1) On traverse un banc puissant de ces galets en sortant de Cusset pour gagner la côte de Justice.

bris de l'Auvergne. D'épaisses colonnes de fumée bornaient l'horizon, puis retombant sur elles-mêmes descendaient à la surface de l'eau. De grandes lueurs éclairaient, comme des torches gigantesques, ce bassin qui luttait contre l'incendie, et qui peut-être alimentait ses foyers. Des gerbes ardentes s'élevaient de temps en temps au-dessus des montagnes de fumée et des nuages de cendres, disparaissaient sous ces vapeurs épaisses, et s'éteignaient sous les zones de pluie qui descendaient à leur rencontre. Quelque étendue que Dieu ait donnée à l'imagination de l'homme, il ne pourra jamais se représenter la magnificence et l'horreur de ces scènes de la nature primitive, auxquelles il ne lui permit pas d'assister. Quel spectacle imposant devait alors offrir cette contrée, quand une ligne entière de soixante bouches à feu éclairait ces grandes nuits de destruction, et doublait son image sur les eaux d'un lac agité; quand des fleuves de feu, comblant les vallées, venaient opposer leurs flots de lave aux tourbillons de vapeur que l'air saturé refusait de recevoir. Que de bruits confus d'animaux entraînés, d'arbres brisés, de forêts enflammées; quelle lutte effrayante d'éléments destructeurs, dont la force et la puissance resteront si long-temps inactives!

De nouvelles montagnes avaient surgi; le puy de Dôme les dominait; leurs laves coulaient encore, mais le sol avait été bouleversé, les eaux abandonnèrent la Limagne. Une rivière en traversa toute l'étendue, recevant de tous côtés les affluents qui descendaient des montagnes.

Les sources qui, pendant si long-temps, avaient versé dans ce grand bassin les matières calcaires qui s'y déposèrent, furent bientôt obstruées par les produits qu'elles formaient autour d'elles. Celles de Vichy, qui étaient des plus puissantes, ont créé de vastes amas sur lesquels la ville entière est bâtie. Le filet d'eau qui forme maintenant la source des Célestins a eu la puissance de produire le rocher dur et compacte au pied duquel elle s'échappe, ne pouvant soulever la masse énorme qu'elle a déposée.

Ainsi s'éteignirent successivement tous ces phénomènes de création dans la contrée qui doit nous occuper.

A peine échappées à la violence des feux souterrains et à la fureur des flots, les terres d'Auvergne et du Bourbonnais, déjà couvertes de verdure et de troupeaux, devinrent le théâtre de guerres sanglantes et acharnées. Le feu des hommes remplaça celui des volcans ; les bêtes fauves s'enfuirent effrayées de leurs nouveaux adversaires, et cette fertilité si connue de la Limagne, elle la doit au limon dont elle fut formée, au sang dont elle fut pétrie, aux larmes et à la sueur dont elle fut arrosée.

CHAPITRE IV.

DU CLIMAT ET DE LA VÉGÉTATION DE VICHY.

Les environs de Vichy offrent une magnifique végétation ; quoique moins variée que celle des hautes montagnes, elle offre cependant un grand intérêt, car elle caractérise très-bien la flore du Bourbonnais, et par conséquent celle du centre de la France. Les botanistes préfèrent sans doute celle de l'Auvergne, qui offre bien plus de variété, et qui, d'ailleurs, peut donner lieu à des observations de géographie botanique que l'on ne peut faire à Vichy. La culture qui s'est emparée des plus petits morceaux de terrain, nuit singulièrement au développement spontané des espèces végétales. On les voit quelquefois lutter avec les plantes cultivées, et enfin leur céder un terrain dont elles semblent chassées par la conquête.

Les animaux sont les mêmes que ceux du centre de la France ; peu de quadrupèdes, peu d'oiseaux, un petit nombre de reptiles, parmi lesquels la vipère seule est venimeuse ;

quelques coquilles terrestres ou fluviatiles ; enfin, une prodigieuse quantité d'insectes.

Le climat ne diffère en rien de celui du Bourbonnais ; mais l'on se ressent quelquefois du voisinage de l'Auvergne et de ses montagnes, qui conservent la neige jusqu'au milieu du printemps. Des vents d'ouest, parfois très-violents, traversent la Limagne, et viennent frapper les collines au pied desquelles Vichy est situé.

Au reste, quand on compare ce climat à celui du Mont-Dore, de Barrèges, etc., on trouve que tout l'avantage est pour Vichy.

Le printemps commence de bonne heure ; souvent en février on a des jours très-chauds et des amandiers en fleur. Le noisetier commence, dans les haies, à développer ses longs chatons, et l'aulne, penché sur le bord des ruisseaux, mêle ses fleurs nouvelles aux cônes desséchés de l'année précédente. Les pluies sont fréquentes dans cette saison ; la terre est imbibée, tous les germes qu'elle contient se gonflent et se développent, et si quelques gelées tardives ne viennent pas arrêter l'essor de la végétation, le mois d'avril ne s'écoule pas sans qu'un grand nombre de plantes aient épanoui leurs fleurs. Dans les bois, ce sont les anémones et les véroniques, les saules et les ormeaux; dans les haies, le groseiller et le prunier épineux; dans les prairies, le populage aux fleurs dorées, la cardamine aux pétales lilas, et le primeverre qui, sous tous les climats, se développe aux premiers beaux jours.

C'est avec le mois de mai qu'il faut arriver à Vichy, pour jouir du réveil de la nature, pour observer cette vigueur, cette jeunesse des plantes. Lorsqu'une pluie chaude vient d'humecter la terre, on croit les entendre végéter. En quelques heures, des bourgeons s'épanouissent, les bosquets se couvrent de feuilles d'un vert transparent, l'aubépine se pare de ses fleurs; et tandis qu'un soleil ardent pompe la sève et augmente la vie, le rossignol, caché sous une viorne fleurie, attend la fin du jour pour commencer ses chants. C'est alors qu'il faut voir les bords du Sichon. C'est à cette époque qu'il faut visiter la côte de Saint-Amand, et jeter ses regards sur la Limagne dont le printemps commence, sur les montagnes dont l'hiver finit: les forêts vont bientôt verdir; les moissons couvrent la terre qui paraît au loin divisée en une multitude de carreaux d'un vert différent. Les papillons, que la chaleur a fait éclore, viennent butiner sur les fleurs des prairies;

les lézards engourdis sortent de leurs retraites, pour recevoir les rayons du soleil; tout change, se renouvelle, s'agite ou se développe; la vie a pris son essor; toutes ses phases seront parcourues par des êtres bien différents. Çà et là, se trouvent réunis des groupes dont les formes et les couleurs offrent les contrastes les plus singuliers, les harmonies les plus gracieuses. Sur une pelouse qu'une eau limpide vient baigner, vous voyez de nombreuses pâquerettes, dont les fleurs teintes de carmin sur leurs bords, viennent se confondre avec les pétales d'un bleu pur de la véronique chamoedris; ailleurs, les épis purpurins d'élégants orchys se mêlent aux fleurs dorées des renoncules et aux fleurs délicates des trèfles d'eau; les prairies sont couvertes des ombelles fleuries du cerfeuil sauvage et de la berce brancursine; les ruisseaux sont ornés de pulmonaires, de lysimaques et de nombreuses graminées, dont les panicules délicates se réfléchiront bientôt dans leurs eaux pures.

Aux fleurs du printemps succèdent celles de l'été, dont le nombre est bien plus grand. De fortes chaleurs favorisent leur croissance et leur développement; chaque site possède alors ses végétaux. Le troëne aux feuilles lustrées, le fusain d'Europe et le sureau forment des haies ou des buissons qui prêtent leur appui aux tiges grimpantes du chèvrefeuille. Des groupes de rosiers sauvages se couvrent de fleurs, dont le vent dissémine les pétales et emporte le parfum. Sur les coteaux, se groupent des campanules aux jolies fleurs bleues, des potentilles et des millepertuis. Les prairies sont dans toute leur parure ; aux brises tremblantes, aux pittoresques graminées, se mêlent des trèfles de toutes les couleurs, le salsifis des prés, la bistorte, de grandes épervières, et une foule d'autres végétaux que la faux va bientôt confondre. Les chemins sont bordés de mauve et de germandrée, d'armoise et d'achillée. Les lieux arides offrent des groupes d'origans à odeur pénétrante, et des touffes de serpolet.

Les moissons ont aussi leurs végétaux particuliers ; outre le bleuet et le coquelicot qui les décorent partout, on y rencontre les jolies fleurs de la gesse tubéreuse, dont les racines servent d'aliment, la campanule miroir de Vénus, la saponaire des vaches et le buplèvre à feuilles rondes. Plusieurs espèces appartenant à l'ordre des légumineuses, se mélangent aux céréales, et nuisent à la récolte du grain, en améliorant la paille destinée à la nourriture des bestiaux. Il est rare que l'été se passe sans orages, et quelquefois même ils sont assez violents. Ils se forment en différents points de la Limagne, et causent souvent de grands désastres. La grêle qu'ils répandent dévaste tous les ans quelques communes, et détruit la vendange, si elle arrive assez tard pour épargner les moissons. Lorsqu'une fois celles-ci sont terminées, on ne peut plus espérer que la végétation d'automne, qui souvent est encore très-active, et se compose d'un grand nombre d'espèces.

Les terres dépouillées se couvrent d'héliotrope d'Europe, si semblable à celui du Pérou, mais complétement inodore. Elles sont quelquefois teintes en rose par les fleurs des galeopsis, ou en violet par le miroir de Vénus. D'autres fois, ce sont des chrysanthèmes ou des anthemis qui s'y développent, ou bien c'est l'oseille des champs, dont les tiges délicates et les épis rougeâtres se laissent fléchir au moindre vent.

Les ruisseaux sont bordés d'eupatoires, de scrophulaires et de consoudes; l'iris aux fleurs jaunes se développe dans leurs eaux; la douce-amère pousse sur leurs rives. L'euphraise et les polygala foisonnent sur les pelouses; les genêts couvrent les lieux secs et arides avec quelques groupes d'œillets, des scabieuses, la jasionne, les longs épis de la vipérine et l'anarrhine à feuilles de pâquerette. A ces plantes, il faut ajouter diverses espèces de caille-lait, des véroniques et plusieurs verbascum. Le datura aux larges fleurs blanches et au sombre feuillage, ne quitte guère les bords de l'Allier, et se mélange à diverses sortes de rumex et de chenopodées.

La végétation change une dernière fois vers le mois d'octobre. Quelques fleurs existent encore, mais ce sont surtout les fruits qui décorent le paysage. La viorne, le sorbier, l'aubépine, la douce-amère ont des grappes rouges qui se détachent entièrement de la verdure; le troëne et le prunellier sont couverts de fruits noirs ou bleuâtres, près desquels vient parfois s'ouvrir une grande fleur blanche du liseron des haies. Le fusain, insignifiant jusqu'alors, l'emporte sur tous les autres buissons par ses fruits quadrangulaires qu'un rose pur colore; l'hyèble, le sureau laissent tomber leurs graines violettes, et le petit houx, commun dans quelques parties de la forêt de Randan, porte sur ses feuilles coriaces et pointues, les cerises rouges qui ont remplacé ses fleurs. Les prairies n'offrent plus que d'immenses tapis de verdure, au milieu desquels on voit naître le colchique, dont la corolle pâle et rosée vient profiter des derniers rayons du soleil.

Les arbres ont déjà changé de couleur; les cerisiers paraissent sur les coteaux avec un feuillage rougi par les premiers froids; les hêtres, placés sur la lisière des bois, prennent une teinte feuille morte, que vont bientôt revêtir tous les arbres des forêts. Le lierre conserve sa verdure éternelle, et s'élève seul plein de vie au milieu du deuil de la nature. A cette époque, des brouillards épais se répandent dans la Limagne. Balancés par les vents, ils oscillent dans ce vaste bassin, cachant successivement l'un ou l'autre de ses bords. Ils durent quelquefois plusieurs jours, et si l'on monte alors sur un des coteaux qui dominent Cusset, on voit l'étendue de cette masse mouvante, au-dessus de laquelle s'élèvent des îles et des montagnes, qui rappellent au géologue l'ancien état de la Limagne. Ces brouillards se dissolvent dans l'air ou se résolvent en pluie.

Si la gelée vient les surprendre, ils se déposent en cristaux soyeux sur tous les corps environnants, et remplacent, par un givre nacré, le feuillage qui ne doit renaître qu'au printemps suivant.

Edifice thermal de Vichy.

Lecoq Del.

Lith. de Desrosiers à Moulins.

CHAPITRE V.

DES SOURCES ET DE L'ÉTABLISSEMENT THERMAL.

Nous avons déjà vu que les sources de Vichy n'étaient pas situées dans la ville, mais à une petite distance, et la plupart des hôtels ont été construits aux environs. Elles ont aussi déterminé l'emplacement de l'établissement thermal, qui est, sans contredit, un des plus beaux de France. Commencé sur les plans de M. Janson, on sentit bientôt la nécessité de le rendre plus vaste et plus élégant, et le projet de M. Rose-Beauvais fut celui qui, dans ces derniers temps, obtint la préférence et fut mis à exécution. Il rattacha son plan à celui qui avait été proposé à une époque antérieure, et, malgré toutes les difficultés qu'il eut à surmonter, le bâtiment actuel répond à l'importance des eaux qui l'alimentent.

La partie sud, tournée vers le jardin, est plus élevée que le reste de l'édifice, car un étage existe au-dessus du rez de chaussée. Celui-ci est composé d'un péristyle qui s'ouvre sur le jardin par dix-sept arcades, et qui communique, au moyen d'une longue galerie centrale, avec toutes les autres parties. Au-dessus de ce péristyle, qui sert de salle de danse aux villageois des environs, et de promenade couverte aux étrangers, se trouvent le grand salon, la salle de billard et les cabinets destinés au jeu ou à la lecture. Deux escaliers, d'une rigidité remarquable, permettent aux personnes indisposées d'arriver essoufflées à la porte des salons.

Au nord est une autre galerie couverte, sous laquelle se trouvent plusieurs sources dont nous parlerons tout à l'heure; puis enfin, deux corps de bâtiments latéraux réunissent les galeries, et composent la partie essentielle de l'édifice. C'est là que sont situés les cabinets, les douches et les réservoirs. Cet ensemble est vaste, car il occupe un espace qui a soixante-seize mètres de longueur sur cinquante-sept de large. Les cabinets des bains sont au nombre de soixante-douze : il y a en outre quatre cabinets pour les douches, quatre étuves pour chauffer le linge, et quatre chaudières. Pour donner du jour à ces divers cabinets, on a ménagé dans l'intérieur du bâtiment quatre petites cours carrées, qui contiennent chacune une fontaine d'eau douce, entourée d'un bassin assez grand pour servir de réservoir.

Lecocq Del.

la Source de l'Hôpital et la Place Rosalie.

Lith. de Desrosiers à Moulins.

L'édifice thermal a une succursale à l'autre extrémité du jardin : c'est un petit bâtiment situé près de l'hôpital, et alimenté par une partie des eaux de la fontaine située sur la place Rosalie. On a créé, en 1819, plusieurs cabinets de bains et un petit salon, dans une portion du jardin de l'hospice. Il reste encore quelques bosquets ; il y existe une chaudière, des douches situées au-dessous des bains: enfin, c'est un établissement complet. Une autre partie de l'eau de la source qui vient l'alimenter est dirigée dans l'hôpital, où elle sert aux mêmes usages. Je ne décrirai pas avec plus de détails les édifices thermaux de Vichy ; les dessins joints à cette notice en donneront une idée plus précise, et si quelques personnes désiraient sur cet objet des renseignements plus circonstanciés, elles les trouveront dans l'ouvrage de M. V. Noyer. Il me suffira de rappeler que toutes les précautions ont été prises pour la régularité du service, et pour que les malades puissent recevoir tous les soins que réclame leur position.

Les sources sont au nombre de sept ; mais il s'en faut de beaucoup qu'elles aient la même importance : la plus considérable est celle du grand puits Carré, qui est situé sous la galerie nord de l'établissement; sa température est très-élevée, et c'est elle qui alimente en grande partie les baignoires et les douches. De tout temps cette source a fourni l'eau nécessaire aux bains, et avant que le nouvel édifice ait été construit, elle était placée dans le bâtiment du roi, dont elle occupait un des angles; ses eaux étaient contenues dans un bassin carré, recouvert d'une grille de fer. On voyait alors s'élever du fond de ce bassin des jets considérables qui entraînaient avec eux une grande quantité de gaz, en sorte que la source bouillonnait continuellement. Près de là était une autre source, composée elle-même de plusieurs filets d'eau que l'on avait réunis dans un bassin carré. Cette source fut abandonnée pendant long-temps; car, dans le principe, elle formait une espèce de marre d'eau tiède dans laquelle on venait laver les jambes des chevaux. On y récurait aussi les ustensiles de cuisine; de là le nom de *Fontaine des laveuses* qu'elle a porté pendant long-temps. Elle a été réunie au puits Carré par des conduits souterrains.

La *Grande-Grille* est une des plus abondantes après le puits Carré; elle est à l'extrémité de la galerie nord, et sert aussi à alimenter les réservoirs. Autrefois elle était renfermée dans le bâtiment du roi avec le puits Carré : toutes les autres sources étaient en dehors. C'est l'eau dont on expédie la plus grande quantité, et celle dont on boit le plus sur les lieux.

Près de là, et toujours sous la même galerie, est le petit puits ou puits Chomel, source peu importante, qu'on n'emploie qu'en boisson, et qui est recueillie dans une petite cuve en maçonnerie ; sa tempétature est assez élevée, et l'on voit aussi paraître à sa surface des bulles d'acide carbonique.

On rencontre sur la route de Cusset, et à une petite distance de l'établissement thermal, deux autres sources peu abondantes, dont l'une a reçu le nom de source des Acacias ou fontaine des Galeux, et l'autre de source Lucas. Ce sont deux filets d'eau, dont la température est un peu différente, et dont on fait rarement usage.

La source de l'Hôpital, que l'on a désignée autrefois sous le nom de *Gros-Boulet*, est située sur la place Rosalie. Ses eaux sont reçues dans un bassin circulaire entouré d'une grille, et présentent ordinairement une teinte verte très-marquée. Pendant long-temps les eaux de cette belle source étaient versées dans un bac de pierre, et servaient à divers usages domestiques ; maintenant elles sont dirigées dans l'hôpital, et dans le petit établissement qui en est voisin, et de là sont conduites sur le bord de l'Allier, par un conduit souterrain.

Enfin, la moins considérable des fontaines minérales, celle des Célestins, est encore un peu plus éloignée que les autres, et offre un filet d'eau qui sort à la base d'un grand rocher calcaire : il s'en dégage à peine quelques bulles d'acide carbonique. Si des fouilles étaient dirigées avec soin, il est probable que l'on augmenterait beaucoup le produit de cette source ; car déjà celles que M. Darcet fit faire à côté, ont mis à découvert un nouveau filet qui pourra suppléer à l'insuffisance du premier.

Telles sont les sources qui fixèrent, à une époque reculée, l'attention des Romains qui vinrent conquérir les Gaules, et qui maintenant font la fortune d'un pays qui serait oublié sans elles.

Voyons actuellement quelle est la composition chimique de ces eaux, quels sont leurs éléments, leur température et leur volume. Ici nous avons un guide sûr à consulter, c'est l'ouvrage que M. Longchamp a publié sur les eaux de Vichy, ouvrage consciencieux et tout à fait en rapport avec les travaux justement estimés, que cet habile chimiste avait mis au jour auparavant. C'est dans cet ouvrage que j'ai puisé la majeure partie des renseignements que je vais reproduire.

Volume des Sources.

Une seule des sources, le grand puits Carré, donne plus d'eau que toutes les autres. Voici, du reste, la quantité fournie en vingt-quatre heures par chacune d'elles :

	Mètres cubes.
Grand puits Carré........	172,00
Source de l'Hôpital.......	56,00
Grande-Grille............	15,50
Source Lucas............	6,50
Source des Acacias........	6,50
Puits Chomel............	2,50
Célestins................	0,50
Total............	259,50

Ces chiffres sont ceux qu'ont obtenus MM. Berthier et Puvis : ils diffèrent un peu d'autres mesures qui ont été prises récemment ; mais pour que ces différences puissent offrir de l'intérêt, il faudrait que les moyens employés pour les obtenir aient été exactement les mêmes, et qu'ils eussent été appliqués, à des époques différentes, à toutes les sources ;

on aurait pu savoir alors s'il existe des variations dans le volume d'eau qui sort de ces fontaines.

Quoi qu'il en soit, ce volume est, comme on le voit, très-considérable ; car si toutes ces eaux étaient réunies, elles rempliraient en vingt-quatre heures un bassin qui aurait vingt pieds en tout sens, même en profondeur. Cette quantité serait suffisante pour alimenter environ sept cents bains dans une journée. Qu'on juge d'après cela de la masse énorme qui sort de terre dans l'espace d'une année ; et quand on réfléchit que ces eaux coulent depuis les temps les plus reculés, et qu'elles couleront peut-être bien long-temps encore, on est étonné de la quantité prodigieuse de vapeurs qui sont nécessaires à leur production, et de la continuité de leur émission.

Température des Sources.

Si maintenant nous passons à l'examen de leur température, nous serons également surpris de trouver dans un pays qui n'offre aucune apparence volcanique, et sur le bord d'une rivière, des sources tellement chaudes qu'il est difficile d'y tenir la main.

Des expériences ont été faites à Vichy, à plusieurs époques, et l'on a constaté avec soin la température des eaux. Voici les résultats qui ont été obtenus par différents chimistes, à des époques assez éloignées les unes des autres. Il serait à désirer que les personnes qui demeurent sur les lieux voulussent bien rechercher, avec de bons instruments, si les saisons ont quelque influence sur la température de ces eaux.

DÉSIGNATION DES SOURCES.	A	B	C	D
Grand-Bassin des bains.	48,75	46,25	45,00	44,88
Puits Chomel............	43,13	36,25	40,00	39,26
Grande-Grille............	48,75	40,63	38,50	39,18
Acacias...................	31,25	28,13		27,25
Lucas.....................				29,75
Hôpital...................	36,25	36,25	33,00	35,25
Célestins.................	27,50	22,19		19,75

La colonne *A* est celle des températures déterminées par Lassonne, le 10 juillet 1750.

La colonne *B*, celle des températures déterminées par M. Desbret, le 27 août 1777.

La colonne *C*, celle des températures obtenues par MM. Berthier et Puvis, le 3 juin 1820.

Enfin, la colonne *D* est celle des températures observées par M. Longchamp pendant son séjour à Vichy, à peu près à la même époque.

Toutes ces températures ont été ramenées, par M. Longchamp, à l'échelle du thermomètre centigrade. On croit apercevoir à l'inspection de ce tableau, une diminution dans la chaleur de ces sources; nous verrons dans un des chapitres suivants, si la chose est vraisemblable. Ce qu'il y a de certain, c'est qu'il peut y avoir de grandes causes d'erreur dans la manière de prendre cette température; car elle peut être prise dans le bassin même, ou dans le fond de celui-ci, au jet de la source, et il faudrait encore, pour que les expériences fussent comparatives, qu'elles fussent faites par les mêmes personnes, avec les mêmes instruments et sous les mêmes circonstances.

Si toutes les eaux de Vichy étaient réunies dans un même bassin, il est probable que, malgré toutes les pertes inévitables de chaleur, la masse aurait encore une température de plus de 40 degrés centigrades. Or, s'il fallait chauffer à ce degré une masse d'eau aussi considérable, on consommerait par jour environ 2,000 kilogrammes de charbon de bois, ou 2,300 kilogr. de houille d'Auvergne, ou 4,700 kil. de bois ordinaire contenant 20 pour cent d'eau. Que l'on multiplie maintenant ces quantités par 365, nombre de jours de l'année, et l'on sera étonné de la masse de combustibles qu'il faudrait employer pour obtenir un tel résultat.

En évaluant le charbon de bois à 5 centimes le kilo seulement, on trouve que la dépense annuelle en combustibles serait d'environ 36,000 francs.

Telle est donc la rente que la nature paye tous les ans au gouvernement français, propriétaire actuel des sources de Vichy, qui, de son côté, a fait sa mise de fonds, en fondant l'établissement thermal. De ce double placement résulte la rente annuelle que payent les fermiers, et qui, dans ce moment, est portée à un taux très-élevé. Le prix des bains et des douches est une conséquence nécessaire de ce système financier, et en considérant comme centimes additionnels les dépenses d'hôtels, de voyage, de guides, etc.; en y joignant les honoraires de MM. les docteurs, et l'argent que laissent aussi les curieux qui, comme nous, viennent voir pour leur bon plaisir, et retournent sans avoir pris une goutte d'eau, on voit que Vichy est le centre d'un maniement de fonds assez considérable.

Composition des eaux de Vichy.

Si la température a une grande part dans l'action des eaux de Vichy sur nos organes, et par conséquent dans leur réputation, elle n'est pas la seule cause de l'impression qu'elles produisent sur nos sens. Elles contiennent un grand nombre de substances que les chimistes ont séparées, et que l'on connaît maintenant très-bien, grâce à leurs savants travaux.

Ce qui frappe le plus les personnes qui visitent pour la première fois des eaux thermales, c'est le bouillonnement que l'on observe à la surface des bassins qui les contiennent, au point qu'on l'attribue d'abord à une vive ébullition, et l'on croit l'eau beaucoup plus chaude qu'elle n'est ordinairement.

Cet effet est dû aux gaz qui perdant à leur sortie la compression qui était exercée sur eux dans le sein de la terre, se dégagent et se répandent dans l'air; ils sortent d'autant plus vite que l'eau est plus chaude, ce qui explique très-bien le dégagement considérable que l'on voit à Vichy dans la plupart des sources, tandis que celle des Célestins, qui est moins chaude que les autres, laisse échapper seulement quelques bulles de gaz.

Dans la plupart des sources, ce gaz est de

l'acide carbonique; dans celles qui nous occupent, il contient en outre une certaine quantité d'air atmosphérique, ou plutôt un mélange d'azote et d'oxigène, dans des proportions telles que ce dernier corps s'y trouve en quantité plus grande que dans l'air.

Toutes ces eaux sont limpides, incolores, lorsqu'elles sortent de terre; mais elles ne tardent pas à prendre une légère teinte verdâtre, qui ne devient sensible que lorsqu'elles sont en grande masse, comme dans le bassin de la source de l'Hôpital. Cette teinte paraît due à une matière verte organique, que l'on voit souvent flotter à la surface de la source de l'Hôpital, et qui colore aussi parfois les bords du bassin de la Grande-Grille et du petit puits Chomel. Cette matière se dissout dans l'eau, puis finit par se déposer sous forme de dépôt couleur d'ocre; elle entraîne une certaine quantité de carbonate de chaux.

On ignore encore quelle est la proportion de gaz dégagée comparativement au volume de l'eau; mais quoique l'on ait assuré qu'à la Grande-Grille, par exemple, il sortait plus de gaz que de liquide, je n'en reste pas moins convaincu qu'il en sort beaucoup moins, et je suis surtout fondé à le penser pour le grand puits Carré : il s'en faut de beaucoup que le volume du gaz égale celui de l'eau.

De ce même gaz qui s'échappe en partie lors de l'arrivée de l'eau à la surface du sol, il en reste une portion à l'état de dissolution, portion que l'on peut apprécier par l'analyse, et dont nous donnerons bientôt la quantité. Cet acide carbonique a sur l'économie animale une action dont nous parlerons un peu plus loin.

Les eaux contiennent en outre un certain nombre de sels ou d'autres substances plus ou moins actives, dont les quantités ont été appréciées avec beaucoup de soin.

Les procédés, au moyen desquels on parvient à connaître et à isoler les différents principes qui composent une eau minérale, appartiennent à la partie la plus délicate de la chimie, à l'analyse.

Rien n'est plus intéressant que de suivre un chimiste dans toutes ces opérations; mais il faut préalablement avoir acquis les connaissances nécessaires pour le suivre avec fruit. Ces procédés exigent non-seulement beaucoup de *science*, de *patience* et de *conscience*; mais il faut encore de l'adresse pour les exécuter, et une profonde attention pour suivre tous les détails qui se présentent, pour saisir l'indication des faits nouveaux qu'on ne fait qu'entrevoir, et qu'il faut étudier ensuite et retourner sous toutes leurs faces. On conçoit que la relation d'un tel travail ne peut trouver place dans cet ouvrage : je me contenterai d'indiquer dans le tableau suivant les résultats qu'a obtenus M. Longchamp, et j'engagerai les personnes qui s'occupent de chimie, et toutes celles qui désirent acquérir des connaissances sur l'analyse et la composition des eaux de Vichy, à les chercher dans les mémoires de M. Darcet, dans ceux de MM. Berthier et Puvis, et principalement dans l'analyse du savant chimiste auquel est dû le tableau ci-joint.

TABLEAU DE L'ANALYSE DES EAUX MINÉRALES ET THERMALES DE VICHY.

SUBSTANCES contenues dans les sources (1).	SOURCE de la GRANDE-GRILLE.	SOURCE CHOMEL.	SOURCE du GRAND-BASSIN DES BAINS.	SOURCE de L'HÔPITAL.	SOURCE des ACACIAS.	SOURCE LUCAS.	SOURCE des CÉLESTINS.
	gramm.	gramm.	gramm.	gramm.	gramm.	gramm.	gramm.
Eau de dissolution.........	3970,2855	3969,9047	3969,6283	3969,3563	3967,8700	3969,0471	3967,6191
Acide carbonique libre...	3,7734	3,9592	4,2399	3,9176	5,1450	4,2807	4,4582
Carbonates (de soude.....	19,9258	19,9258	19,9258	20,2054	20,2054	20,3454	21,2961
(de chaux.....	1,3995	1,3985	1,3719	2,0894	2,2675	2,0021	2,4414
(de magnésie.	0,3597	0,3407	0,3467	0,3807	0,3886	0,3880	0,2910
Muriate de soude........	2,2803	2,2803	2,2803	2,1705	2,1705	2,1854	2,3162
Sulfate de soude..........	1,8900	1,8900	1,8900	1,6810	1,6810	1,5735	1,1018
Oxide de fer................	0,0116	0,0125	0,0266	0,0080	0,0680	0,0118	0,0237
Silice.........................	0,2944	0,2885	0,2905	0,1911	0,2040	0,1662	0,4525
Poids des eaux analysées.	4000,0000	4000,0000	4000,0000	4000,0000	4000,0000	4000,0000	4000,0000

(1) Les eaux de toutes les sources contiennent en outre une matière végéto-animale en trop petite quantité pour en pouvoir déterminer le poids.

Nota. Le litre ou pinte d'eau distillée pèse un kilogramme ; par conséquent, en prenant le quart des nombres portés dans la colonne de la Grande-Grille, par exemple, l'on connaîtra, à peu de chose près, le poids des substances qui sont contenues dans une pinte d'eau de cette source.

On voit par ce tableau que toutes les eaux de Vichy renferment les mêmes substances, mais en proportions différentes.

L'acide carbonique est plus abondant dans celles qui sont plus froides.

Une matière domine dans toutes ces sources, c'est le carbonate de soude ; aussi est-ce en partie à ce sel qu'elles doivent leurs propriétés. Celle qui ensuite s'y montre avec le plus d'abondance, est le muriate de soude ou sel marin, qui existe dans la plupart des eaux minérales, et qui est si commun dans les eaux de la mer, qui lui doivent leur salure. Le sulfate de soude ou sel de Glaubert s'y rencontre aussi en quantité notable. Quant aux autres matières, leur proportion est presque insignifiante, et prouve seulement l'habileté du chimiste qui a su les déterminer.

CHAPITRE VI.

DES SOURCES MINÉRALES EN GÉNÉRAL, ET DE CELLES DE VICHY EN PARTICULIER.

Leur origine, leur volume, leur température, leur composition, leur durée et leurs produits.

Il est bien peu de personnes qui, obligées par leur santé de rester long-temps à Vichy, ne se soient demandées d'où pouvaient venir ces eaux si remarquables par la constance de leur volume, par leur température élevée et par leur composition compliquée. C'est un sentiment de curiosité bien naturel que de chercher à connaître des phénomènes aussi intéressants que ceux des sources thermales, et pour le satisfaire, autant que possible, nous allons examiner cette question sous ces divers points de vue.

Les sources ordinaires qui sortent du sol dans des lieux très-diversement situés, doivent évidemment leur origine aux eaux pluviales qui pénètrent dans l'intérieur des terres, et qui s'en échappent ensuite par les fissures qui s'y trouvent naturellement. Leur volume, leur situation, leur composition même n'ont rien d'extraordinaire, rien qui ne puisse être expliqué par les différences de niveau, l'abondance ou la rareté des pluies, et la constitution chimique du sol qu'elles traversent.

Il s'en faut de beaucoup qu'il en soit de même pour les eaux minérales, et surtout pour celles qui sont thermales. Il faut absolument chercher une autre origine, au moyen de laquelle on puisse expliquer à la fois, et le volume constant de ces eaux, et leur chaleur, et la présence des nombreux composés qu'elles renferment. Les pluies, la sécheresse, le froid le plus intense ou les grandes chaleurs, n'ont aucune influence sur ces eaux, tandis qu'au contraire les tremblements de terre suspendent quelquefois leurs cours, changent leur volume ou leur chaleur. Ces faits doivent faire présumer que les eaux thermales viennent des profondeurs du globe, puisqu'elles sont si indépendantes des variations qu'éprouve sa surface.

Jusqu'ici les géologues sont d'accord ; tous conviennent que les eaux thermales surgissent de lieux très-profonds ; mais on ne trouve plus la même unanimité pour la cause de leur chaleur. Pendant long-temps on a cru que les eaux de pluie, en pénétrant dans de profondes fissures, rencontraient des terrains échauffés par la combustion des houilles et des pyrites, et qu'elles en prenaient la température. On a cru aussi expliquer très-naturellement la cause de cette chaleur, en disant que ces eaux avaient passé dans le sein de la terre près des foyers volcaniques, et cette opinion paraissait d'autant plus vraisemblable, que les contrées volcanisées sont beaucoup plus riches en eaux thermales que toutes les autres. Seulement on reculait la difficulté, car il fallait trouver aussi la cause des phénomènes volcaniques. Voici l'opinion la plus généralement admise aujourd'hui sur l'origine des eaux minérales.

Les astronomes ont prouvé, de la manière la plus évidente, que la terre avait dû primitivement être liquide pour prendre la forme qu'elle a réellement. Or, pour que notre globe se soit trouvé dans cet état, il a fallu que les matières qui le composent aient été à l'état de dissolution. L'eau ou le feu sont les deux corps qui ont pu produire cet effet. La quantité d'eau qui couvre une partie de la surface du globe est si peu de chose, relativement à la masse de la terre, qu'il y a impossibilité de concevoir qu'elle ait pu la dissoudre. En supposant que la terre et les rochers puissent fondre dans l'eau comme un morceau de sucre, cet effet n'aurait pas lieu, et l'eau serait de suite absorbée par la terre, comme lorsqu'on en verse quelques gouttes seulement sur ce même sucre. Il faut donc avoir recours à l'action du feu pour fondre une masse aussi considérable que notre planète. On ne manquera pas de faire de suite une objection, et de dire que si la terre avait été fondue, elle conserverait encore une partie de sa chaleur; mais c'est précisément cette chaleur qu'elle conserve, qui chauffe actuellement les bains de Vichy et toutes les sources thermales.

La terre n'est refroidie qu'à sa surface. Il serait trop long de rapporter ici les nombreuses expériences sur lesquelles les géologues s'appuient pour prouver qu'il existe une chaleur centrale tout à fait indépendante de l'action du soleil; mais ces expériences sont très-concluantes, et tendent à prouver que la terre est incandescente et fondue dans son intérieur, et que la croûte seule est figée. La température prise dans des mines à de grandes profondeurs, donne lieu de croire que la croûte figée est d'environ vingt à vingt-cinq lieues, terme moyen. Or, puisque la terre a trois mille lieues de diamètre, il n'y a donc qu'une pellicule épaisse d'un soixantième de la grosseur du globe qui supporte tous nos empires, tous nos établissements, et bien plus tous les corps organisés, végétaux et animaux. La terre, d'abord liquide et entièrement fondue par la chaleur, a dû se refroidir très-vite; mais à mesure que la croûte solide s'est formée, la chaleur s'est conservée, le refroidissement a été plus lent, au point qu'actuellement il est à peine sensible. Il est arrivé pour le globe ce qui nous arrive à nous-mêmes, lorsque nous sommes exposés au froid, nus ou enveloppés de chauds vêtements; dans le premier cas, nous nous refroidissons très-vite; dans le second, notre chaleur est conservée par l'enveloppe qui s'oppose à sa dispersion.

Quelque étrange que paraisse, au premier abord, cette idée de voir la terre recouverte seulement d'une petite croûte solide et fondue dans l'intérieur ; comme la fonte qui coule d'un creuset ou d'un haut fourneau, elle n'en est pas moins appuyée sur toutes les preuves possibles. Ainsi il faut nous résigner à habiter ce globe fondu, et à nous promener sur sa croûte crevassée.

Si vingt lieues nous séparent de la partie fondue, la chaleur interne doit arriver bien plus près de la surface, et quoique les points les plus bas, auxquels nous ayons pu atteindre, soient tout au plus d'une demi-lieue au-dessous du niveau de la mer, on y a déjà reconnu une chaleur assez forte pour incommoder les mineurs qui travaillent à une telle profondeur.

Il est facile comme on le voit d'expliquer de cette manière, et l'origine des volcans, et celle des sources thermales. Les premiers ne seraient que des points de communication de l'intérieur à l'extérieur du globe, et les secondes seraient des eaux chauffées par cette chaleur centrale, et qui arriveraient encore chaudes à la surface.

Telle est en effet l'opinion aujourd'hui admise sur l'origine des eaux minérales. Elle s'accorde parfaitement avec les faits. Reste à savoir si ce sont des eaux de pluie qui pénètrent assez profondément pour s'échauffer, et qui, chassées ensuite par la vapeur, remontent et jaillissent parfois à la surface, ou si ce sont des vapeurs qui se forment dans l'intérieur du globe, et qui viennent ensuite se condenser en traversant les couches refroidies de l'extérieur. En examinant avec soin les faits que nous présentent la plupart des sources thermales, nous pourrons, je pense, nous décider assez facilement pour l'une de ces deux hypothèses.

Si les eaux de pluie pouvaient aller s'échauffer à une grande profondeur et remonter ensuite, les sources minérales, à la chaleur près, se comporteraient comme les autres, c'est-à-dire, qu'elles seraient abondantes dans les années pluvieuses, et qu'elles tariraient pendant les sécheresses, phénomène que l'on n'a pas encore observé; car on ne trouve pas de variation dans leur volume, et s'il en existe, ce qui est probable, elles doivent être si lentes que nous n'avons pu jusqu'à présent nous en apercevoir.

La température des eaux thermales éprouve évidemment des variations. On en a observé de bien marquées dans celles de Chaudesaigues, et l'on a pu voir, par le tableau contenu dans le chapitre précédent, que celles de Vichy avaient beaucoup varié aussi. Il y a plus, c'est que ce tableau semble annoncer ici une diminution graduelle de température, et bien que je ne considère pas comme concluants les résultats exprimés par ce tableau, je n'en suis pas moins convaincu que toutes les eaux thermales finiront par se refroidir, et probablement tariront tout à fait. Je citerai tout à l'heure quelques exemples à l'appui de cette opinion, qui du reste est d'accord avec le refroidissement graduel du globe.

On s'est beaucoup occupé aussi de la composition chimique des eaux, et l'on a cherché à deviner l'origine des nombreuses substances qu'elles amènent à la surface. On a supposé, avec quelque raison, que les sels et autres matières contenues dans les eaux, provenaient de leur action à une température élevée sur les terrains qu'elles traversaient ; mais depuis qu'on a vu des sources sortir de divers terrains, et même des granites et des porphyres, et amener des sels que ces sortes de sols ne contiennent pas, il a fallu encore avoir recours à l'intérieur du globe, ce qui recule la difficulté sans la résoudre ; et il est bien certain que tout ce qui est contenu dans les eaux, que le bicarbonate de soude, le muriate et sulfate de soude, l'acide carbonique, etc., que l'on trouve dans celles de Vichy, proviennent des profondeurs du globe comme leur température.

Il faut donc qu'il existe dans le sein de la terre des masses considérables de matières salines et d'acide carbonique, puisque les eaux en amènent continuellement à la surface, et font l'office de sondes qui vont à de grandes profondeurs chercher les matières que nous ne pouvons atteindre par les procédés qui nous sont connus.

Un seul exemple suffira pour nous donner une idée de la prodigieuse quantité de matières que les eaux minérales versent continuellement à la surface de la terre.

Chaque mètre cube d'eau de Vichy contient environ quinze kilogrammes ou trente livres de matière solide; il sort chaque jour un volume d'eau égal à deux cent cinquante-neuf mètres cubes. Or, en multipliant ces deux nombres, on obtient trente-huit mille kilogrammes par jour, ou treize millions huit cent soixante-dix mille kilo par an. Elles en fournissaient autant probablement lors de l'invasion des Romains dans les Gaules; elles en versaient sans doute une quantité au moins aussi grande long-temps auparavant, et pendant plusieurs siècles encore elles présenteront les mêmes phénomènes. Qu'on multiplie maintenant ces treize à quatorze millions de kilo par ce nombre de siècles, et qu'on fasse attention que Vichy est un point sur la terre, qu'une foule de sources semblables ou plus importantes existent dans toutes les parties du monde, et l'on restera aussi étonné qu'ignorant des causes qui peuvent suffire à ce transport continuel du centre à la circonférence.

On sera tenté alors d'attribuer aux sources

minérales une très-grande importance dans la formation des couches qui recouvrent notre planète.

Indépendamment des petits rochers, comme celui des Célestins, comme le pont de Saint-Alyre à Clermont, comme tous les dépôts de travertins d'Italie, il faudra leur attribuer la formation des couches calcaires des bassins géologiques : tels que la Limagne, le Bourbonnais, le bassin du Puy dans la Haute-Loire, et une foule d'autres bien plus considérables ; il faudra leur attribuer la salure des eaux de la mer et les dépôts de sel gemme, car si les carbonates de chaux se déposent près des sources, les matières solubles sont entraînées dans la mer qui est un vaste bassin évaporatoire. Toute l'eau qu'y amènent les fleuves est égale à celle qui s'évapore, et chaque jour par conséquent la salure doit augmenter de toutes les matières salines que les fleuves y conduisent et que l'évaporation ne peut entraîner.

Il semble cependant que la nature ait mis un terme dans chaque localité à la production de toutes ces matières salines. Un grand nombre de sources minérales sont maintenant taries complétement, et d'autres coulent à peine. On ne peut douter que la fontaine des

Célestins n'ait formé le grand rocher sur lequel est construit le couvent, ainsi qu'une grande partie des anciens remparts de Vichy; on ne peut révoquer en doute que la fonfaine de Saint-Alyre à Clermont n'ait eu, lorsqu'elle a formé le pont de Pierre, une plus grande puissance créatrice qu'actuellement. Il existe sur divers points de la France, et notamment dans la Limagne, un grand nombre de rochers qui, comme celui des Célestions, ont évidemment été formés par des eaux thermales, et près desquels on ne trouve plus la moindre source, ou bien, s'il en existe, ce sont des eaux froides comme celles des Célestins, ou même des eaux pures comme celles des sources ordinaires. Le volume et la température de ces fontaines ont dû nécessairement s'affaiblir par gradation. Il existe en Auvergne des sources très-chaudes qui déposent encore une substance minérale blanche et fibreuse que l'on nomme *arragonite*. On n'a pas d'exemple que cette substance ait été formée par des eaux froides, et cependant on la rencontre en abondance autour de plusieurs fontaines dont les eaux sont tout à fait refroidies ou même ne coulent plus du tout; telles sont les arragonites de Coudes et celles des eaux du Tambour sur le bord de l'Allier, entre Clermont et Issoire. Telles sont celles du rocher des Célestins à Vichy. Nous trouvons encore dans ce singulier rocher une autre preuve de la température élevée dont ces eaux ont joui autrefois.

On remarque dans la plupart et probablement dans toutes les eaux thermales, une substance particulière qui a été long-temps décrite sous le nom de matière végétale ou végéto-animale. Cette matière étudiée avec soin par M. Longchamp, a reçu de lui le nom de *Barégine*, parce qu'il l'observa ou l'étudia d'abord dans les eaux de Barèges : M. Robiquet l'a aussi étudiée à Néris, et a publié sur ce sujet, dans le Journal de Pharmacie, des observations très-intéressantes et aussi consciencieuses que le sont tous les travaux de ce savant chimiste.

Il en résulte que la barégine est une substance végétale azotée, d'abord incolore et soluble, puis prenant successivement la forme de filamens qui se colorent bientôt en vert, qui se groupent, se réunissent et forment ces pellicules vertes qui flottent sur le bassin de la source de l'Hôpital à Vichy, et qui sont aussi si abondantes dans les bassins de Néris. Cette matière a été considérée comme une plante par plusieurs botanistes, et décrite sous le nom de *tremella thermalis*. En effet, on ne la voit guère se développer en abondance et avec sa belle couleur verte que dans les eaux chaudes; on en trouve à peine des traces dans l'eau des Célestins, et cependant plusieurs fragments d'arragonite pris derrière cette source, offrent à l'intérieur cette belle couleur verte très-bien conservée. Elle se détruit au feu avec facilité, et sa présence témoigne évidemment de la haute température que cette source a possédée autrefois. On fait la même remarque aux eaux du Tambour. Il existe aussi près de là des arragonites colorées en vert par la même matière.

On a beaucoup discuté l'origine de cette matière organique qui s'échappe du sein de la terre; on a attribué sa formation à la présence de l'azote qui existe dans la plupart de ces sources, tandis que l'inverse peut avoir lieu, et l'azote peut provenir de sa décomposition. Quelle que soit l'opinion que l'on adopte, il est toujours très-difficile d'expliquer la présence de l'azote ou d'une matière azotée dans une eau que l'on regarde comme le résultat de la condensation des vapeurs qui arrivent de l'intérieur de la terre.

Pour revenir à notre but, il est évident qu'un grand nombre de sources thermales sont déjà taries. Plusieurs d'entre elles ont changé de composition à plusieurs reprises, comme on peut le constater par leurs dépôts. Le fer sulfuré, l'arragonite, la silice, le carbonate de chaux et l'oxide de fer font partie en proportion différente des divers dépôts que ces eaux ont successivement abandonnés, et nous ne pouvons connaître de même les changements survenus dans leurs parties solubles.

Ainsi un jour viendra peut-être où les eaux de Vichy, depuis long-temps refroidies, cesseront de couler, et si alors l'espèce humaine existe encore, elle conservera dans ses annales le souvenir des bains qui y furent construits, et des eaux chaudes qui les alimentaient.

Nous ne pouvons cependant affirmer que la disparition d'un certain nombre de fontaines minérales soit due à l'épuisement des matières, aux dépens desquelles elles étaient formées dans l'intérieur du globe ; il est bien probable que plusieurs d'entre elles ont bouché elles-mêmes leur orifice par les dépôts calcaires qu'elles ont accumulés. Je ne citerai plus la source des Célestins, mais celle de l'Hôpital dont les conduits se couvrent tous les ans d'une telle quantité de carbonate de chaux, qu'ils seraient obstrués depuis longtemps si on n'avait la précaution de l'enlever ; en sorte que si cette source était maintenant abandonnée à elle-même, elle se boucherait au bout d'une longue suite d'années, et chercherait ailleurs une issue. C'est ce qui est arrivé à un grand nombre de sources en Auvergne. Elles ont construit à leur issue un énorme chapeau de concrétion, et n'ayant plus la force de le soulever, elles ont disparu. Ce fait est tellement constant, que la majeure partie des fontaines actuellement existantes sont placées sur le bord de l'eau, et il est facile d'en concevoir la raison. Les eaux courantes, en entraînant la matière calcaire à mesure qu'elle se forme, s'opposent à l'obstruction des canaux, et donnent aux eaux un libre écoulement. Je ne citerai pour exemples que celles de Vichy, d'Hauterive et de Châteldon ; tandis que toutes les sources éloignées des ruisseaux et des rivières sont maintenant oblitérées. Lorsque la Limagne était couverte d'eau et formait un grand lac, toutes les fentes de la terre venaient s'ouvrir sous les eaux, aucune source ne pouvait se fermer, et les produits calcaires également répartis se déposaient sous l'eau en couches puissantes et régulières.

CHAPITRE VII.

QUELQUES CONSIDÉRATIONS MÉDICALES SUR LES EAUX DE VICHY.

Nous venons de nous livrer à quelques considérations sur l'origine des eaux de Vichy; nous allons maintenant les examiner sous un autre point de vue un peu hypothétique comme le précédent, mais pour lequel cependant l'expérience a déjà posé quelques bases.

De tout temps on a reconnu l'efficacité des eaux thermales dans un grand nombre de maladies, et partout elles ont été appliquées de diverses manières au traitement de nos infirmités.

Le plus souvent, c'est à l'intérieur qu'on les administre, ou bien on les applique à l'extérieur sous formes de bains, de douches ou de vapeurs. Quelquefois même c'est dans la vase que contiennent les fontaines que l'on se plonge en entier.

Avant d'énumérer les diverses maladies que l'on vient combattre à Vichy, cherchons dans les résultats de l'analyse de ces eaux, quels sont les principes qui peuvent agir avec le plus d'énergie. Ils s'y trouvent évidemment en bien petite proportion, puisqu'un litre d'eau ne contient que 6 à 8 grammes de substance.

L'acide carbonique qui se dégage de toutes les sources avec plus ou moins d'abondance, est certainement une des matières actives des eaux de Vichy; mais comme il se dissout d'autant plus facilement que l'eau est plus froide et la pression plus forte, celles de Vichy en retiennent peu en dissolution, et celui qu'elles conservent est probablement destiné à faire passer la soude à l'état de bicarbonate. Quoi qu'il en soit, l'acide carbonique que les anciens chimistes nommaient le *principe volatil des eaux*, a une action tonique sur l'estomac; il facilite les digestions, et agit comme un stimulant assez puissant.

La matière la plus abondante dans les eaux de Vichy est le carbonate de soude, ou la combinaison de la soude avec l'acide carbonique. Toutes les autres substances paraissent subordonnées à celle-ci ; peut-être aident-elles son action; mais il est probable que seules elles auraient bien peu d'activité. Ce sel est donc celui qui fait en quelque sorte la base des eaux de Vichy. Il a, du reste, une action très-marquée sur l'économie animale. Il agit principalement comme fondant et comme dissolvant ; par conséquent, il facilite la marche des divers liquides dans l'économie animale ; il communique à presque tous ces liquides une propriété alcaline, et comme les alcalis ont la propriété de dissoudre la plupart des matières animales, on trouve alors le moyen d'expliquer presque chimiquement les effets de ce sel que la nature a si libéralement répandu dans toutes les eaux minérales de l'Auvergne. L'action chimique du carbonate de soude est donc de rendre les liquides plus coulants, et par conséquent de rendre les tissus plus perméables. Il doit alors favoriser les sécrétions, c'est-à-dire le passage des liquides contenus dans certains organes, dans d'autres, et souvent même au dehors du corps. Or, comme notre état de santé dépend en grande partie du rapport qui existe entre l'*absorption* et la *sécrétion* de nos organes, comme nous ne pouvons vivre qu'aux dépens des corps extérieurs qui nous nourrissent ou entretiennent notre vie, et dont une partie doit ensuite être rejetée, on conçoit toute l'utilité d'un moyen qui nous permet d'augmenter à volonté l'une de ces fonctions pour la mettre en rapport avec l'autre.

Ce sel agit encore d'une manière très-efficace sur les organes digestifs. En neutralisant l'acidité du liquide qui aide la digestion, il favorise puissamment cette dernière fonction qui est d'une si grande importance pour l'état de santé de l'individu.

En indiquant les propriétés du bicarbonate de soude, nous avons esquissé celles des eaux de Vichy. Il reste cependant plusieurs matières salines dont nous n'avons pas encore parlé. En les étudiant dans l'ordre de leur prépondérance, nous arrivons au *muriate de soude* ou *sel marin*.

Ce sel n'est autre chose que le *sel de cuisine*, celui que nous employons journellement dans nos aliments. Il agit comme un *stimulant* assez puissant, c'est-à-dire qu'il favorise la nutrition, lorsqu'il est pris à doses modérées ; et ce qu'il y a de singulier, c'est qu'il agit de la même manière sur l'homme, les animaux et les végétaux.

Le *sulfate de soude* est un purgatif doux ; on l'emploie souvent à plus forte dose sous le nom de *sel de Glaubert*, mais il se trouve en si petite quantité dans les eaux de Vichy, qu'il doit plutôt contribuer à aider l'action du bicarbonate de soude qu'à agir lui-même directement.

Le *carbonate de magnésie* s'y trouve à trop faible dose pour avoir une action bien marquée.

Le *carbonate de chaux* a toujours été considéré comme un sel inerte, qui n'augmente ni ne diminue les propriétés des eaux thermales. On peut en dire autant de la silice, qui du reste est aussi en très-petite quantité dans ces eaux.

Enfin, l'oxide de fer leur communiquerait certainement des propriétés toniques et astringentes, s'il s'y trouvait en quantité notable, ce qui n'a pas lieu; en sorte que l'on peut considérer son action comme nulle.

En définitive, on voit que les eaux de Vichy sont composées de matières très-différentes, dont les propriétés ne sont pas les mêmes, mais parmi lesquelles une d'elles l'emporte et imprime son caractère à l'ensemble.

Peut-on attribuer à ce mélange les propriétés que plusieurs siècles d'expérience ont confirmées relativement aux eaux de Vichy? Pouvons-nous, au moyen de nos connaissances en chimie et en médecine, expliquer convenablement les nombreux résultats que l'on a obtenus de leur emploi? Pourrions-nous, par conséquent, par la seule inspection d'une analyse bien faite, devancer l'expérience et connaître d'avance les effets d'une eau minérale? Je ne le pense pas, et tout en reconnaissant l'utilité de la chimie, dans ce genre de recherches, tout en admettant qu'elle peut guider le médecin d'une manière plus ou moins sûre, je n'en reste pas moins convaincu que l'expérience seule doit nous conduire en pareille matière. Il est pourtant un fait certain, c'est que s'il y a une exception à cette règle, ce sont les eaux de Vichy qui la présentent. Il n'est aucune eau thermale dont les effets et l'analyse soient aussi concordants. Mais comment attribuer à une aussi petite quantité de matières bien connues, les effets merveilleux si souvent obtenus au moyen de quelques verres de ces eaux? comment expliquer l'action différente de plusieurs sources dont les analyses offrent, à peu de chose près, les mêmes résultats? Enfin, comment se rendre raison de l'efficacité de certaines eaux dans lesquelles l'analyse trouve à peine quelques millièmes de matières salines, et dont les effets ne peuvent nullement être révoqués en doute? je citerai seulement deux exemples, celles de Spa et du Mont-Dore.

Doit-on attribuer ces propriétés occultes

à une matière végétale ou animale, à cette substance glaireuse qui existe dans toutes les sources thermales, et qui s'y modifie de mille manières? Cette substance à laquelle on n'a réellement donné l'attention qu'elle mérite que depuis l'époque où M. Longchamp a appelé sur elle l'attention des chimistes, agit-elle sur nos organes en y pénétrant, en s'y assimilant avec d'autant plus de facilité, que sa composition approche davantage de nos tissus, comme le présume M. Robiquet, dans le travail qu'il vient de publier sur les eaux de Néris? Ce sont des questions bien difficiles à résoudre; mais on peut heureusement profiter des bons effets des eaux en attendant leur solution.

Les anciens chimistes étaient tellement persuadés de la présence d'un corps actif et inconnu dans les eaux thermales, qu'ils ne manquaient jamais d'y annoncer ce corps sans l'avoir trouvé. Souvent même ils en indiquaient deux : le *phlogistique* qui était obligatoire, et l'*esprit sulfureux volatil* qui était de convention. Pour donner une idée de la haute estime que l'on avait pour ce corps inconnu, on me permettra de rapporter ici un passage d'une dissertation sur le transport des eaux de Vichy, par M. Tardy, qui en était inspecteur en 1778.

« Il n'est pas douteux, dit-il, et nous
» en convenons, que les eaux de Vichy pro-
» duisent au loin de bons effets. Le grand
» nombre de personnes qui s'en sont bien
» trouvées, qui les envoient chercher tous
» les jours, la grande quantité qui s'en con-
» somme à Paris et dans les provinces les
» plus éloignées, la pratique des médecins
» les plus éclairés qui les prescrivent à leurs
» malades, même transportées; enfin, la na-
» ture du minéral que ces eaux roulent avec
» elles, et qui s'y conserve très-long-temps, ne
» nous permettent pas de douter qu'elles ne
» soient avantageuses dans quelque lieu qu'on
» les boive..... Or, ce sel étant fixe, et se
» conservant très-long-temps dans les eaux
» de Vichy, on peut en faire usage partout,
» et en recevoir du soulagement. Mais doit-
» on conclure de là qu'elles sont aussi salu-
» taires, étant transportées, qu'elles le sont
» à leur source? la chose devrait être ainsi,
» si toute leur action dépendait uniquement
» d'un sel fixe; mais les connaisseurs convien-
» nent qu'elles en ont un volatil; c'est lui
» qui frappe l'odorat des buveurs; c'est lui
» qui, étant porté au loin avec les vapeurs,
« attire, de deux ou trois lieues, les bœufs
» et les vaches qui traversent la rivière d'Al-

» lier, sans goûter de son eau, et courent se
» gorger à l'écoulement de nos fontaines. Ce
» sel volatil est sulfureux ; il s'élance hors
» de sa source, et on le voit, dans un temps
» chaud et serein, pétiller et jaillir comme
» des étincelles...... Si les eaux de Vichy
» charrient avec elles des parties volatiles,
» elles ne doivent pas y être inutilement,
» la nature ne fait rien en vain ; l'Auteur
» suprême la fait toujours agir pour une
» fin...... Combien ne devons-nous pas esti-
» mer le volatil de nos eaux? Il en est comme
» l'esprit qui les anime et les rend fécondes ;
» c'est une matière éthérée, subtile, qui, par
» son affinité avec les esprits animaux, pé-
» nètre sans obstacle toutes les divarications
» des nerfs, tous les réduits des viscères ; elle
» se porte avec facilité dans les parties les
» plus enfoncées et les plus reculées de notre
» corps, et va leur donner un nouveau mou-
» vement et une nouvelle vie. C'est un rayon
» de lumière qui va porter la sérénité dans le
» corps abattu par la maladie ; en un mot, c'est
» un esprit fécond qui est porté sur nos eaux.
» Mais qu'on ne s'y trompe pas, on ne
» trouve cet esprit qu'à leur source ; c'est là
» seulement où il se plaît à manifester sa
» présence et ses bons effets. »

J'avoue que, sans me permettre de décrire une chose que personne n'a jamais vue, et sans attribuer entièrement les propriétés des eaux à un esprit quelconque, je pense qu'il existe dans les eaux thermales quelque chose qui nous est complétement inconnu, et qui contribue beaucoup à ces effets parfois miraculeux qu'on en obtient. La chimie, quoique ayant fait d'immenses progrès, est loin encore du but qu'il lui sera permis d'atteindre, et d'ailleurs elle ne pourra jamais pénétrer tous les secrets de la nature. Je suis heureux, dans cette opinion, de pouvoir m'étayer de l'autorité d'un chimiste distingué (1), qui n'a pas hésité d'émettre la même idée, après avoir fait usage des eaux de Néris. Et c'est aussi d'après ma propre expérience que je parle, sans craindre d'être contredit par les chimistes qui, eux-mêmes, auront été soumis au régime des eaux thermales.

On attribue dans le monde un voyage aux eaux, à la mode, au bon plaisir de son médecin qui, ne sachant plus que faire, flatté de se débarrasser de vous pour quelques mois, vous expédie au fond d'une province ; et si

---

(1) M. Robiquet, *Journal de Pharmacie*, Novembre 1835.

parfois vous guérissez, on trouve tout simple que l'air de la campagne, la distraction, la bonne chère, la société, l'absence de toute affaire, aient pu vous ramener dans votre état habituel, et vous rendre une santé dont le délabrement ne vous laissait aucun espoir. Il est vrai que toutes ces causes sont de puissants auxiliaires, à la bonne chère près ; car les poulets que Mme de Sévigné voyait vendre trois sous la paire, ne valent pas mieux qu'à cette époque, et se payent plus libéralement ; mais alors on attribuera à la diète et au changement de régime ce qu'on refusera à l'action des eaux.

Il est malheureusement vrai que plusieurs médecins, doutant eux-mêmes de l'action des eaux thermales, les considèrent comme un dernier espoir à offrir à leurs malades ; mais il s'en faut de beaucoup qu'il en soit toujours ainsi, et très-souvent un moyen aussi efficace, tenté dès qu'il est possible de s'y soumettre, prévient bien des maux, suspend de longues douleurs.

Mon intention n'est pas de développer le tableau de toutes les souffrances auxquelles les eaux de Vichy peuvent apporter du soulagement, la liste serait trop longue et probablement encore incomplète. Je me contenterai de résumer aussi brièvement que je le pourrai, leurs principales propriétés et leurs applications les plus générales. N'ayant recueilli moi-même aucun fait relatif à l'usage de ces eaux, et n'ayant d'ailleurs que des connaissances très-bornées en médecine, j'ai dû y suppléer par les travaux qui ont déjà été publiés, et je citerai principalement ceux du docteur Petit, la notice publiée par le docteur Lucas, à la suite de l'analyse de M. Longchamp, et les observations recueillies par Desbrest, ancien inspecteur des eaux de Châteldon.

Notre corps est composé d'un certain nombre d'organes, dont chacun doit remplir une fonction quelconque. Cet ensemble d'organes est enveloppé par une espèce de membrane que l'on appelle *peau*, et qui forme l'extérieur de notre corps. Cette peau pénètre dans l'intérieur et tapisse également les cavités internes, seulement on a jugé convenable de lui donner des noms différents, suivant les organes qu'elle enveloppe. C'est à travers cette enveloppe intérieure ou extérieure que passent toutes les substances que nous *absorbons*, c'est-à-dire qui venant du dehors, pénètrent dans l'intérieur de notre corps, comme la nourriture, etc. Ainsi, en prenant un bain d'eau de Vichy, on applique ce médicament sur la peau extérieure ; en buvant la même eau, on l'applique à l'intérieur. Dans ces deux circonstances, elle doit agir différemment.

Prise à l'intérieur, elle est absorbée comme le sont les corps qui nous servent journellement pour notre nourriture ou pour notre boisson. Nos organes sont tellement disposés, qu'une substance une fois absorbée par notre estomac ou plutôt par nos intestins, passe bientôt dans le sang, et comme le sang va ensuite, au moyen de la circulation, nourrir tous les organes, comme il sécrète divers principes dans des glandes qu'il est obligé de traverser, il s'ensuit que l'eau de Vichy, prise à l'intérieur, doit agir assez promptement sur toutes les parties de notre corps, et l'expérience a prouvé qu'elle agit alors principalement par le bicarbonate de soude qu'elle contient; car tous les liquides deviennent alcalins, comme l'a démontré M. Darcet, qui a fait sur cet objet des expériences très-curieuses dont voici le résultat :

« Un verre ou deux décilitres d'eau ther-
» male de Vichy, dit ce célèbre chimiste,
» contenant environ un gramme de bicar-
» bonate de soude, pris à jeun, et l'urine
» étant acide, ne suffit pas pour alcaliser

» cette sécrétion ; l'urine, quoique moins
» acide, reste parfaitement claire, et ne laisse
» déposer qu'un peu de mucus, dans l'espace
» de douze heures.

» En prenant à jeun deux verres d'eau de
» Vichy, qui contiennent environ deux gram-
» mes de bicarbonate de soude, l'urine de-
» vient promptement alcaline ; elle est alors
» très-claire, et ne laisse déposer en refroi-
» dissant que peu de mucus. Les urines ren-
» dues pendant la journée ont les mêmes
» caractères, et ce n'est que huit ou neuf
» heures après avoir bu de l'eau de Vichy
» que l'urine reprend son acidité naturelle.

» Trois verres d'eau de Vichy, bus à jeun,
» influent sur la sécrétion de l'urine de ma-
» nière à la rendre alcaline presque pendant
« vingt-quatre heures ; l'urine, dans ce cas,
» est parfaitement claire, et ne laisse dépo-
» ser, en refroidissant à l'air, que très-peu
» de mucus.

» En buvant quatre verres d'eau de Vichy,
» qui représentent à peu près quatre gram-
» mes de bicarbonate de soude sec, l'urine
» est constamment alcaline ; cette urine est
» bien claire, et ne laisse déposer que peu
» de mucus, quoique restant exposée à l'air
» pendant douze heures.

» Cinq verres d'eau de Vichy, bus le matin
» à jeun, produisent les mêmes effets, mais
» d'une manière encore plus prononcée. A
» ce terme, l'urine est constamment alcaline
» et parfaitement claire; celle que l'on rend
» le matin est très-colorée, bien claire, et ne
» laisse déposer que très-peu de mucus; l'al-
» calinité augmente encore dans l'urine de
» la nuit, lorsqu'on s'est baigné dans l'eau
» minérale avant le dîner, et surtout lors-
» qu'on a dû, pour remédier à une digestion
» pénible, boire un verre d'eau de Vichy
» dans le courant de la soirée.

» Ce qui précède fait voir que les buveurs
» d'eau qui prennent, à Vichy, jusqu'à cinq
» verres d'eau minérale, chaque matin, et
» qui se baignent, en outre, tous les jours
» dans l'eau thermale, se trouvent soumis
» à un régime dont le résultat doit être d'al-
» caliser leur urine pendant tout le temps
» qu'ils prennent les eaux, c'est-à-dire trente
» ou quarante jours de suite. »

Cette propriété alcaline est communiquée par l'eau de Vichy, non-seulement à l'urine mais à tous les liquides de notre corps.

Si maintenant nous examinons l'action de l'eau de Vichy à l'extérieur, c'est-à-dire en bains, nous verrons qu'elle est différente. La chaleur naturelle de l'eau, les sels qu'elle renferme et l'acide carbonique qu'elle contient, agissent en irritant la surface entière qui s'y trouve plongée. On ressent une sorte de picotement ou de fourmillement qu'on n'éprouve pas dans l'eau ordinaire, et qui stimule la peau d'une manière très-énergique. C'est ce qu'on appelle en médecine un dérivatif puissant, parce qu'attirant le sang à l'extérieur, puisqu'on augmente la vie de la surface, on le détourne des organes intérieurs sur lesquels il se portait avec trop de violence ou qui s'en trouvaient trop fortement imprégnés. C'est l'effet que produit un vésicatoire, avec cette différence que ce dernier est local, tandis que le bain agit sur toute la surface du corps. On concevra facilement que, dans une foule de maladies des organes intérieurs, il sera très-utile d'opérer cette diversion ou cette dérivation, et de porter ainsi à l'extérieur l'irritation qui cherche à se fixer sur des organes plus importants.

Les maladies étant considérées comme des lésions de nos organes, elles sont en général d'autant plus graves que ces lésions appartiennent à des organes plus essentiels à notre existence; et si l'on fait attention à la disposition des parties qui nous composent, on verra celles qui sont les plus nécessaires à la vie, placées plus profondément, et les moins délicates situées à l'extérieur. Il sera donc très-souvent utile d'irriter la peau ou notre surface externe pour secourir les parties internes. En cela, les eaux de Vichy réussissent parfaitement, et l'expérience est d'accord avec la théorie.

Souvent on veut localiser l'action extérieure du bain, et on l'applique seulement aux pieds (pédiluves) ou aux mains (maniluves), afin d'attirer le sang dans une partie seulement, et de causer une irritation partielle ; enfin, lorsqu'on veut produire tout l'effet possible sur une surface déterminée, on soumet cette surface à l'action d'un jet continu d'eau thermale (douche); de sorte que, outre la chaleur et l'action des sels contenus dans l'eau, on profite encore de la pesanteur ou de l'impulsion du jet. Par ce moyen que Mme de Sévigné appelait une *répétition du purgatoire*, on obtient l'effet que produirait un vésicatoire ; la peau devient rouge, brûlante, le sang y afflue, et la chaleur s'y conserve long-temps encore, lorsque le jet a cessé de venir la frapper. Si lorsque la peau a été irritée par l'action de l'eau thermale, on se plonge dans un lit bien chaud, et que l'on se couvre un peu, bientôt il se manifestera une sueur abondante qui augmentera singulièrement l'action du bain, et prolongera en quelque sorte sa durée.

On voit par ce qui précède que les eaux de Vichy n'agissent pas de même à l'intérieur et à l'extérieur. La membrane ou la peau qui enveloppe nos organes paraît en général disposée à *absorber* à l'intérieur, et à *sécréter* au contraire à l'extérieur. Il ne faudrait pas cependant considérer ce mode d'action comme absolu, car les eaux peuvent aussi être absorbées par la peau extérieure, comme elles peuvent irriter la membrane interne de l'estomac et des intestins; mais chacun de ses effets est très-petit relativement à l'autre, et en somme, elles agissent sur la plupart des individus, comme nous venons de l'indiquer.

Ce que nous venons de dire doit faire pressentir tout le parti qu'un médecin habile peut tirer de cette puissante action des eaux de Vichy; mais aussi quelle justesse d'application, quel coup d'œil sûr doit avoir celui qui dispose à son gré d'effets si variés et si énergiques!

Il ne suffit pas ici de connaître entièrement l'action des eaux, il faut aussi apprécier l'état de l'individu qui vient s'y soumettre, il faut encore avoir une connaissance exacte des symptômes qui ont accompagné le développement de la maladie, en suivre tous les détails, et apprécier d'avance les résultats que l'on va obtenir. Sous ce rapport, Vichy ne peut encore rien envier aux autres établissements. Un homme, que regretteront toujours ceux qui l'ont connu, a ajouté long-temps son talent et sa bienfaisance aux richesses dont la nature avait doté Vichy, et a porté cet établissement à son plus haut degré de splendeur. Aujourd'hui, deux hommes remarquables par leur jugement et leur profond savoir, s'occupent avec zèle de l'importante mission qui leur a été confiée, et augmenteront, si la chose est possible, la réputation que ces eaux célèbres ont acquise.

Jetons maintenant un coup d'œil sur les principaux types de maladies sur lesquelles les eaux de Vichy peuvent avoir une action salutaire. Comme elles sont stimulantes, c'est-à-dire qu'elles augmentent l'intensité de la vie sur les organes auxquels on les applique, elles sont nuisibles dans toutes les maladies aiguës, et conviennent en général dans les maladies chroniques. En effet, il faut dans le premier cas (dans les maladies aiguës), ralentir, autant que possible, la circulation pour diminuer l'intensité du mal ; dans le second (maladies chroniques), il faut l'activer, et c'est précisément l'effet des eaux. Il ne faudrait pas cependant les appliquer inconsidérément à toutes les maladies que l'on peut ranger dans cette dernière classe, car souvent elles augmenteraient le malaise. L'intérieur de notre corps est partagé en deux cavités par un muscle que l'on appelle *diaphragme*. Au-dessus de ce muscle sont placés tous les organes destinés à la respiration et à la circulation ; au-dessous se trouvent tous ceux qui concourent à la nutrition. Les eaux de Vichy conviennent spécialement au traitement des maladies de ces organes. Aussi les emploie-t-on avec succès pour donner du ton à l'estomac et aux fibres intestinales, dans les mauvaises digestions et les maladies de ces organes ; elles favorisent la sécrétion de la bile, et agissent d'une manière très-salutaire dans les obstructions du foie, dans les engorgemens de la rate et du mésentère. Elles augmentent la circulation qui a lieu dans le petit système de la veine-porte, et paraissent aussi exercer leur influence sur le pancréas. Leurs effets sur les reins et sur tout l'appareil urinaire sont incontestables, et quoique cette propriété ait été constatée depuis long-temps, elle vient d'être mise, pour ainsi dire, en évidence par M. le docteur Petit, qui a publié un mémoire fort intéressant sur cet objet.

La cause de la formation des calculs tient à un défaut de proportion entre la faculté dissolvante de l'urine, et la quantité de matière calculeuse fournie par les reins. Cette matière est presque toujours de l'acide urique qui peut se dissoudre dans une liqueur alcaline, et comme nous savons déjà que l'usage de l'eau de Vichy rend tous les liquides alcalins, nous pouvons parfaitement expliquer ce que l'expérience confirme tous les jours. Voici du reste ce que dit le docteur Petit lui-même dans son mémoire sur le traitement des calculs urinaires.

« Le meilleur moyen de dissoudre les calculs formés par l'acide urique, est de rendre l'urine alcaline et de la maintenir à cet état pendant toute la durée du traitement ; et l'expérience a démontré que les sels alcalins remplissent parfaitement ce but, sans qu'il en résulte d'inconvénients pour les malades. Ces sels ont en effet l'avantage d'arriver promptement, par la circulation, jusque dans les voies urinaires, et de pouvoir communiquer à l'urine l'alcalinité nécessaire pour saturer l'acide urique, et tenir en dissolution les urates qui résultent de la combinaison de leur base avec cet acide. Il faut éviter d'employer les alcalis purs, parce qu'à cet état, nos organes les supportent difficilement, qu'ils pourraient en être affectés, et qu'on est alors obligé de n'en user qu'à de très-faibles doses; mais à l'état de bi-carbonates, ils n'offrent plus les mêmes inconvénients et remplissent toutes les conditions désirables pour pouvoir être employés avec succès. L'on sait en effet que les alcalis sont d'autant mieux supportés par nos organes, et que leur puissance dissolvante est d'autant plus grande, qu'ils sont mieux saturés par l'acide carbonique. Néanmoins, il faut encore dans ce cas les administrer avec prudence, car, lorsqu'on porte la dose un peu trop loin, l'estomac paraît se fatiguer ; il manifeste une certaine répugnance, et les malades se plaignent de quelques douleurs dans le bas des intestins et dans la région de la vessie; mais il suffit alors, pour faire cesser ces symptômes, d'en suspendre momentanément l'administration et de les donner ensuite à moins forte dose. Le choix des bi-carbonates n'est pas non plus indifférent; ceux de soude et de potasse sont et doivent être préférés, comme étant à la fois les plus solubles et ceux qui saturent l'acide urique avec le plus de facilité. Les eaux thermales de Vichy surtout, présentent aux calculeux des avantages qu'il serait difficile de trouver nulle part ailleurs, et qu'elles doivent évidemment à la grande quantité de bi-carbonate de soude et d'acide carbonique qu'elles tiennent en dissolution. »

Toujours guidé par l'analogie et l'expérience, le docteur Petit a pensé que les eaux de Vichy pouvaient avoir sur les goutteux une action presque aussi puissante que celle qu'elles exercent sur les calculs et la gravelle. Il y a en effet bien peu de différence entre l'origine de ces deux maladies; toutes deux paraissent dues à de l'acide urique, ou à des sels fortement azotés qui, se déposant dans les reins ou dans la vessie, produisent la gravelle et les calculs, et qui, en pénétrant dans les articulations, déterminent la goutte et finissent par s'opposer aux mouvements. Ces diverses maladies ont en général une même cause, la présence d'une trop grande quantité de matière azotée, une nourriture trop succulente et trop animalisée. Il n'est donc pas étonnant qu'un moyen qui a si bien réussi pour les calculeux, ait aussi un véritable succès pour les goutteux.

« L'action des eaux thermales de Vichy, dit le docteur Petit (1), comme probablement aussi d'autres boissons également alcalines contre la goutte, est d'autant plus facile à comprendre, que ce n'est pas seulement l'urine qui devient alcaline sous l'influence de cette médication, mais aussi la transpiration cutanée et toutes les autres sécrétions, et que même on peut porter cette alcalisation à un degré très-élevé sans le moindre inconvénient, pourvu toutefois que l'état de l'estomac et des organes de la poitrine le permette.

» Il est si facile de s'alcaliser, continue-t-il, et on peut le faire si impunément, qu'il serait de la plus haute importance que l'expérience vînt confirmer les espérances que font naître les premiers essais. Ne serait-ce pas, en effet, un remède précieux que celui qui pourrait servir non-seulement à combattre la goutte avec succès lorsqu'elle se manifesterait, mais encore à en prévenir le retour, pourvu qu'on l'employât deux ou trois fois, par exemple, dans le courant de l'année, et particulièrement vers les époques où les at-

---

(1) Quelques considérations sur la nature de la goutte et son traitement par les eaux thermales de Vichy. Pages 10 et 11.

taques se montrent le plus ordinairement ? »

Je suis bien loin d'avoir indiqué toutes les maladies qui peuvent être combattues avec succès par les eaux de Vichy ; j'ai préféré m'étendre un peu sur leur mode d'action, et je terminerai en indiquant leur emploi contre les engorgements scrofuleux. C'est encore ici une conséquence des applications précédentes, car si, comme on le pense, les scrofules sont produits par la formation d'une trop grande quantité d'albumine que le sang dépose dans divers tissus (comme il abandonne la matière des calculs dans les reins, et la matière de l'ankilose dans les articulations), il n'y a rien d'étonnant que l'albumine, qui est une matière animale, soluble dans les alcalis, puisse être entraînée par le bicarbonate de soude.

On doit bien penser que dans le traitement des nombreuses maladies que nous venons de citer, les eaux doivent être administrées à des doses bien différentes. Tantôt on les prend en boissons seulement, et à la dose de deux à vingt verres et quelquefois plus dans une journée ; tantôt c'est en bains qu'elles sont appliquées pures ou mitigées d'eau douce, et le bain se répète quelquefois. Enfin on peut encore y joindre la douche.

Les doses doivent non-seulement varier selon une foule de circonstances dépendant de la situation du malade, mais encore selon l'état de l'atmosphère. Ainsi l'expérience a constaté que dans les temps d'orage, les eaux se digèrent difficilement et occasionent un ballonnement du bas-ventre quelquefois très-incommode, et tellement sensible, dit le docteur Lucas, qu'il devient le signe certain de l'approche des orages. On a remarqué à la même époque un bouillonnement plus considérable à la surface des fontaines, et un plus grand dégagement d'acide carbonique. M. Longchamp pense que ce dernier phénomène se trouverait expliqué assez naturellement par la diminution de la pression atmosphérique, qui effectivement a presque toujours lieu dans les temps orageux; mais il arrive quelquefois des orages assez violents sans que le baromètre annonce de diminution dans la pesanteur de l'air, et cependant les mêmes phénomènes se présentent, et, dans tous les cas, si cette théorie rendait raison de la vive ébullition des sources, elle n'expliquerait pas le malaise et le ballonnement dont se plaignent les malades lorsque le temps est à l'orage.

M. le docteur Bertrand, qui a publié un excellent travail sur les eaux du Mont-Dore, a observé des phénomènes analogues. Non-seulement il a vu le dégagement d'acide carbonique bien plus abondant dans les temps orageux, mais il a remarqué aussi que le bain devenait insupportable s'il était un peu prolongé. Enfin il a constaté plusieurs fois, par des expériences directes, qu'un courant électrique très-sensible s'échappait de la surface de l'eau, et il n'hésite pas à attribuer à l'électricité contenue dans l'intérieur du globe ou dans ses couches supérieures, les phénomènes bien remarquables et bien constatés que présentent les sources thermales, quand l'air devient lui-même le théâtre de mouvements électriques très-marqués. Il est bien difficile, du reste, d'admettre une autre opinion, depuis les belles recherches de M. Becquerel sur l'état électrique des différents corps de la nature.

Il faut encore placer dans la série des faits dont nous ignorons la cause, la prééminence que l'expérience a donnée à chaque fontaine de Vichy pour le traitement de telle ou telle affection. A peine si quelque différence dans l'analyse peuvent motiver ces prédilections, et cependant elles existent depuis long-temps.

L'eau du grand puits Carré est employée de préférence à l'extérieur; cependant on peut la boire comme les autres, et il paraîtrait même que c'est celle qui a le moins d'action sur la circulation du sang. C'est la moins excitante, et si, dans quelques circonstances, on jugeait convenable d'employer les eaux de Vichy dans l'asthme, la coqueluche sans fièvre et quelques toux d'automnes, il faudrait sans contredit choisir celle du puits Carré.

L'eau de la Grande-Grille est la plus usitée, et convient principalement dans les maladies des voies digestives. Elle a une action marquée sur les intestins, et agit assez souvent comme dérivatif en occasionant de légères purgations qui, en général, ne sont que passagères et auxquelles succède le plus ordinairement l'état contraire.

La source de l'Hôpital donne une eau dont la saveur est tout à fait différente des autres. Il semble qu'elle est la plus active des eaux de Vichy. C'est aussi celle qu'on emploie de préférence dans les maladies des viscères abdominaux, dans les engorgements du foie et de la rate, dans les obstructions du mésentère et du pancréas. Elle active les sécrétions, et devient aussi purgative pour certaines personnes.

L'eau du puits Chomel a beaucoup d'analogie avec celle de la Grande-Grille. Elle agit assez activement sur les organes digestifs. C'est aussi celle dont on se sert le plus souvent dans le traitement des maladies scrofuleuses.

On emploie rarement les eaux de la fontaine Lucas et de la source des Acacias, quoiqu'elles puissent cependant suppléer aux autres, et plus particulièrement peut-être à celle des Célestins.

Cette dernière est maintenant très-usitée; on peut la considérer comme la plus active des eaux de Vichy, et c'est en effet celle qui contient le plus de matière saline, et une des plus chargées en acide carbonique. On la préfère à toutes les autres dans le traitement de la goutte et des maladies des voies urinaires.

Telles sont les différentes propriétés des fontaines de Vichy. Bien qu'une longue pratique les ait en quelque sorte sanctionnées, il est bien probable qu'on pourrait sans inconvénient substituer l'une à l'autre; mais puisque la nature a été si libérale envers cette localité, il y aurait aussi de l'ingratitude à ne pas profiter de tous ses dons.

CHAPITRE VIII.

VICHY CONSIDÉRÉ SOUS LE RAPPORT INDUSTRIEL.

On a pu se convaincre, en lisant le chapitre précédent, de l'importance des eaux de Vichy sous le rapport médical ; nous allons essayer de démontrer celle qu'elles peuvent acquérir sous le rapport industriel.

Outre les bains, les douches et le revenu annuel des fontaines, on exporte, comme tout le monde le sait, une très-grande quantité d'eau naturelle en litres et demi-litres, dont la majeure partie se consomme en France, et dont une portion se vend à l'étranger. On ne conteste plus maintenant les bons effets des eaux minérales prises en boisson, mais en a-t-on tiré tout le parti possible, et leur mode d'administration ne peut-il pas encore recevoir quelque amélioration? Nous penchons pour l'affirmative, et voici sur quels motifs nous fondons notre raisonnement.

Il est bien constaté que les eaux thermales viennent d'une grande profondeur, et qu'elles puisent dans le sein de la terre la chaleur qui les caractérise, et les substances qui leur donnent leurs propriétés.

Les divers principes contenus dans ces eaux peuvent être partagés en deux grandes divisions : les matières salines ou sels divers que l'on peut retirer par l'évaporation, et les produits gazeux qui s'échappent et qui se perdent dans l'atmosphère, lorsqu'on chauffe le liquide qui les contient.

Tant que ces eaux sont renfermées dans leurs conduits souterrains, l'énorme pression qu'elles éprouvent empêche ces divers principes de se désunir; mais aussitôt qu'elles parviennent à la surface du sol, les gaz qui cherchent toujours à reprendre l'état élastique, s'en dégagent en bouillonnant, et se perdent bientôt dans l'atmosphère. Comme on a reconnu que ces gaz avaient une action très-marquée sur l'économie animale, on a cherché les moyens de les retenir dans l'eau, et pour cela on n'a pas trouvé de meilleur procédé que de recueillir l'eau à sa sortie de la source, et de la placer dans des flacons assez petits pour qu'on puisse prendre leur contenu en une seule fois, et éviter ainsi de conserver en vidange des eaux qui auraient perdu une partie de leurs propriétés.

On conçoit cependant combien ce procédé est défectueux, car l'eau que l'on renferme a déjà perdu la majeure partie de son gaz, et de plus elle a perdu quelques-uns de ses autres principes, qui n'étaient en dissolution dans l'eau qu'à la faveur du gaz : or, une fois que le dépôt d'une substance a commencé d'avoir lieu, il se continue, et tout le monde peut vérifier ce que nous avançons, en examinant des bouteilles pleines d'eaux gazeuses naturelles ; dans toutes on trouvera un dépôt plus ou moins abondant, et qui n'aurait pas lieu si l'eau n'avait perdu une partie de son gaz.

On s'aperçoit surtout de cet effet autour des sources ; il s'y dépose continuellement une partie des principes qui se trouvaient dissous à la faveur de l'acide carbonique, et qui se déposent dès qu'il se dissipe.

Ces faits justifient pleinement l'opinion des médecins qui envoient leurs malades prendre les eaux sur les lieux mêmes, et qui sont loin d'ajouter la même confiance aux eaux transportées ; car aux sources seulement, on est certain de prendre la majeure partie des matières actives, qui communiquent aux eaux thermales leurs précieuses propriétés.

Il y a plus, c'est qu'il existe probablement

dans cette partie gazeuse, qui se dissipe si promptement, quelque principe actif que les chimistes n'ont pas découvert, et qui, comme certains miasmes flottant dans l'atmosphère, n'a pas non plus été reconnu par l'analyse.

Un procédé bien simple remédie à ces inconvénients : il consiste à recueillir séparément, au moyen d'appareils particuliers, l'eau et le gaz au moment où ils s'échappent du sol, et à refouler ensuite, avec l'aide d'une pompe, ce gaz dans l'eau qui le contenait primitivement. L'eau thermale se trouve ainsi dans l'état où elle était à une grande profondeur, chargée de tout son gaz, riche de tous ses principes, ne déposant plus, facile à transporter, et se conserve indéfiniment si elle est bien bouchée.

On ne comprend pas qu'un procédé à la fois si simple et si ingénieux soit resté si longtemps ignoré, et que l'on en ait fait si tard l'application, surtout si l'on songe que l'on peut, par ce moyen, dissoudre dans l'eau sept à huit fois autant de gaz que l'eau naturelle en contient réellement à sa sortie, et que par conséquent on peut à volonté en augmenter les propriétés. Ce fut en 1825 que l'on fit les premiers essais, et ils sont dus à un homme auquel presque toutes les branches d'industrie sont redevables de procédés utiles et d'heureuses applications de la chimie aux arts industriels. MM. *Brosson* viennent d'exécuter en grand, à Vichy, l'heureuse idée de M. Darcet, et elle a été justement appréciée par les médecins distingués qui sont à la tête de ce bel établissement. Les nombreux malades qui, pendant l'année 1835, se sont rendus sur les lieux, ont pu éprouver le mérite réel de ce nouvel agent thérapeutique.

Les eaux de différentes sources ont été soumises à ce procédé, et bientôt dans le commerce, les eaux gazeuses de la Grande-Grille, de l'Hôpital et des Célestins remplaceront les eaux ordinaires puisées aux mêmes sources par les anciens procédés.

Il restait encore une application à faire; elle n'a pas échappé à MM. *Brosson*. C'était de profiter du gaz naturel qui s'échappe des sources de Vichy pour saturer de l'eau pure, et fabriquer ainsi des eaux gazeuses ordinaires, celles que l'on consomme en si grande quantité sous le nom d'*Eaux de Seltz*, et qui, pour la plupart, sont préparées avec le gaz que l'on se procure artificiellement en faisant agir les acides sulfurique ou hydrochlorique sur la craie ou le marbre blanc.

Souvent, pour donner aux eaux de Seltz

artificielles plus de ressemblance avec celles qui viennent réellement de cette localité, on ajoute à l'eau qui doit dissoudre le gaz, un peu de muriate et de carbonate de soude; mais ici on les remplace par un peu d'eau des Célestins, qui ajoute singulièrement à la puissance digestive des eaux gazeuses, et leur donne une saveur plus agréable que celle des eaux de Seltz fabriquées de toute pièce. La quantité d'eau des Célestins ajoutée à l'eau pure dans la fabrication des eaux gazeuses est telle, qu'elle tient lieu des sels naturels qui existent dans l'eau de Seltz, en sorte que ces eaux se rapprochent autant que possible des véritables par leur nature, et leur sont bien préférables par leurs propriétés, puisqu'elles peuvent contenir huit fois autant de gaz.

Les médecins accordent, avec raison, une certaine puissance médicamenteuse à l'acide carbonique, au point même que souvent ils prescrivent à leurs malades des eaux de Vichy artificielles comme plus actives, sous certains rapports, que les eaux naturelles; mais du moment où ils seront certains d'avoir à leur disposition des eaux naturelles chargées de gaz lui-même naturel, à la pression de cinq à six atmosphères, c'est-à-dire, en contenant plus que toutes les eaux artificielles, ils devront nécessairement donner la préférence aux eaux naturelles. C'est ce que leur offre Vichy en ce moment ; et, lorsque les hommes de l'art auront reconnu eux-mêmes la vérité de ce que nous avançons, nous doutons que l'on emploie encore les eaux de Vichy artificielles, qui ne rachetaient leur infériorité que par une plus grande quantité d'acide carbonique.

Nous pensons que ce qu'on vient de lire sera suffisant pour donner une idée des avantages que la médecine peut retirer des eaux de Vichy gazeuses ; on devra, selon toute apparence, continuer à traiter les maladies des voies digestives par les eaux de l'Hôpital, celles du foie par celles de la Grande-Grille, et les maladies calculeuses par les eaux des Célestins ; la goutte et les affections rhumatismales ont souvent cédé à l'emploi de ces eaux. Mais ces applications, que nous énonçons ici d'une manière générale, parce que l'expérience les a en quelque sorte sanctionnées, n'empêcheront pas, sans doute, MM. les médecins d'essayer si quelques maladies vainement combattues par les eaux ordinaires ne céderaient pas à l'usage de ces eaux gazeuses. On doit rarement préjuger en médecine, mais il est consolant de pouvoir au moins espérer.

Nul doute que cette entreprise n'acquière

une très-grande importance, et son utilité ne peut être contestée. Les personnes qui habitent Vichy verront avec intérêt les appareils destinés à cette fabrication, et les divers moyens mis en usage pour empêcher le gaz de s'échapper lors de la mise en bouteilles, ainsi que les procédés employés pour les boucher hermétiquement.

C'est encore à M. Darcet que l'on doit un autre genre d'industrie qui prend à présent un très-grand développement. C'est la fabrication du bicarbonate de soude, et par suite celle des pastilles de Vichy avec un sel pur, et parfaitement saturé avec le gaz même qui s'échappe des sources. S'il m'était permis de faire une observation sur la recette publiée par M. Darcet, je demanderais pour quelle raison on ne saturerait pas de préférence par le gaz des sources, le sel alcalin que l'on obtient par l'évaporation des eaux. J'ignore si ces essais ont été tentés; mais il me semble que l'on aurait alors la substance même des eaux de Vichy, tandis que par l'ancien procédé on n'obtient que deux de leurs éléments, à la vérité les plus actifs, la soude et l'acide carbonique.

Quoi qu'il en soit, les pastilles préparées à Vichy le sont avec tout le soin, avec toutes les précautions qu'il est possible de prendre.

On peut s'en convaincre soi-même en visitant la fabrique, car il n'y a là aucun mystère. Le public est admis partout, il peut juger par ses propres yeux.

Ces pastilles agissent comme les eaux de Vichy, et peuvent combattre les mêmes affections; seulement elles paraissent agir avec plus d'intensité sur les voies digestives, et si dans la plupart des autres cas elles peuvent remplacer les eaux, ici elles leur sont préférables.

On exporte maintenant une grande quantité de ces pastilles; l'Amérique surtout en fait une prodigieuse consommation.

On vient aussi d'essayer à Vichy d'utiliser le dépôt calcaire des eaux thermales, et, comme à la fontaine de Saint-Alyre de Clermont, on a exposé cette année des corbeilles de fleurs incrustées, des branches de petits houx, et divers objets recouverts d'une couche pierreuse qui les rend indestructibles. Il faut espérer que cette nouvelle industrie bien dirigée, donnera bientôt des produits plus remarquables lorsqu'on appliquera l'action incrustante des eaux à la confection de bas-reliefs et de médailles, comme on l'a fait d'abord aux bains de Saint-Philippe en Toscane, et comme on le pratique maintenant avec beaucoup d'habileté aux eaux thermales de Saint-Nectaire en Auvergne.

Il y a encore à Vichy les éléments de nouvelles industries qui se développeront avec le temps, et que nous ne chercherons pas à indiquer ici; mais il est une amélioration d'une grande importance et qu'il serait sans doute possible de réaliser, si le gouvernement voulait y prêter son appui. Peut-être en développant mon idée, déciderai-je quelques spéculateurs à essayer de la mettre à exécution.

La réputation toujours croissante des eaux de Vichy, et la grande publicité qu'ont donnée à ces bains les concessionnaires actuels, y attirent un concours immense de malades et de curieux. La paix profonde et la tranquillité dont jouit maintenant la majeure partie de l'Europe, doivent augmenter chaque année cette affluence, et assurent à Vichy un long et brillant avenir. Mais pour que cette réputation se soutienne, pour que cette localité acquière son plus haut degré de splendeur, il faut que les malades qui traverseront la France entière pour y arriver, y trouvent au moins toutes les aisances de la vie, tout le confortable sur lequel ils comptaient. C'est ce qui arrive en effet pour les premiers venus; mais bientôt les hôtels sont pleins, les logements manquent, et comme les malades doivent y faire un assez long séjour, un grand nombre d'entre eux n'osent venir, craignant d'être obligés de se retirer dans un grenier, ou de repartir de suite, comme cela est arrivé cette année.

Il y a cependant bien près de l'établissement thermal un lieu qui serait admirablement situé pour y placer de nouvelles constructions, et y créer en quelque sorte un nouveau village; c'est l'enclos des Capucins dont l'étendue est de huit arpents. On pourrait y construire, d'après un plan qui offrirait une bonne distribution, plusieurs pavillons élégants, où les étrangers trouveraient des appartements convenablement meublés, où ils pourraient se procurer toutes les jouissances de la vie. L'étendue du terrain permettrait d'isoler les constructions, de joindre à chacune d'elles un jardin particulier, et de conserver pour toutes quelques belles avenues ombragées, où la société de cette petite colonie pourrait se réunir. Il y aurait là un immense avantage pour Vichy; mais il y en aurait un bien grand aussi pour les malades qui, outre les agréments d'un intérieur commode, se trouveraient très-rapprochés de l'établissement, et ne se verraient point obligés, comme ils le sont souvent, de se loger loin des bains, et de perdre pendant la traversée tout le bien qu'ils ont retiré de l'action de l'eau thermale. Les propriétaires des hôtels de Vichy n'y perdraient rien ; car dès que l'on saurait qu'il y a place pour tous, tous y viendraient, et la petite concurrence qui résulterait nécessairement de la construction de ce nouvel établissement, tournerait tout à fait au profit des nombreux étrangers qu'une santé délabrée y attire tous les ans.

Je pense qu'une entreprise de ce genre serait à la fois utile à Vichy, agréable aux malades et profitable à ceux qui voudraient l'entreprendre ; mais j'y vois un obstacle. L'enclos de Capucins appartient à l'état, et son consentement serait nécessaire. D'un autre côté, ceux qui tenteraient une telle entreprise, voudraient aussi avoir la certitude d'en jouir. Il faudrait alors ou aliéner la propriété, ou la concéder par un long bail ; de telle sorte qu'elle rentrât ensuite à l'état, embellie de ses nouvelles constructions. Cette dernière supposition me semble très-raisonnable, et me paraîtrait devoir concilier tous les intérêts. Je doute beaucoup qu'un gouvernement sage et éclairé, comme celui sous lequel nous vivons, refuse sa sanction à une amélioration aussi importante, et je suis presque certain d'avance qu'il favoriserait au contraire un tel projet, si, comme je le désire, une compagnie voulait le mettre à exécution. Ce serait pour Vichy une nouvelle source de richesse; et il n'est personne qui ne connaisse cet axiôme d'économie politique, que ce qui fait la richesse d'un pays, fait aussi celle de l'état.

SECONDE PARTIE.

DESCRIPTION PITTORESQUE.

VICHY.

Avant de commencer nos promenades pittoresques aux environs de Vichy, nous voulions voir la ville, et faire quelques recherches sur son origine et sur le rôle qu'elle a pu jouer dans l'histoire ; ce qui suit n'est que le résumé de nos observations, de nos lectures et des renseignements que nous avons recueillis sur les lieux.

Les Romains, qui cherchaient avec soin toutes les sources d'eau thermale, connaissaient Vichy ; les médailles, les anciennes constructions et les débris de poterie que l'on y a trouvés, ne laissent aucun doute à cet égard. Ils désignaient cette localité sous le nom d'*Aquæ calidæ*, ou du moins, c'est sous ce titre qu'on la trouve indiquée dans la table théodorienne, où un petit carré, placé près de ce mot, y indique la présence d'un établissement thermal. Une voie romaine partait d'*Augustonemetum*, actuellement Clermont, passait à *Aquæ calidæ*, et de là se dirigeait à Vourroux, puis à Roanne.

On pense qu'il a existé à Vichy un pont sur lequel César aurait passé l'Allier en revenant du siége de la *Gergovie des Arvernes :* le calcul de ses marches semble l'indiquer. Il est certain du moins qu'un pont a existé à une époque très-reculée ; car on voit encore quelques pierres de la première arche, et un autre pont en bois, construit postérieurement, a servi long-temps de passage, puisqu'au seizième siècle on le voyait encore.

On ignore ce que devint Vichy jusqu'au douzième siècle, époque à laquelle on le trouve compté parmi les châtellenies du Bourbonnais. Il fallait cependant, dit de Coiffier, qu'il y eût en même temps dans le même lieu, une terre distincte du même nom, qui avait donné ce nom à une famille considérable, sur qui elle fut confisquée vers le quinzième siècle. L'arrêt de confiscation porté contre Guillaume de Vichy-Champron, statuait que les propriétés confisquées seraient rendues aux descendans de ce Vichy, deux cents ans après le jour de la confiscation. Il ne paraît pas que cette clause ait eu son exécution (1).

La justice se rendait à Vichy au nom du roi ; la ville était, selon toute apparence, divisée en plusieurs quartiers : celui du *Moustier*, où exista long-temps une église maintenant détruite, et qui occupait le lieu où sont les bains ; le *quartier des Juifs*, probablement situé entre la ville actuelle et Cusset ; il y existe du moins une terre appelée *Ville-aux-Juifs*, et où sans doute ils avaient fixé leurs habitations, dont ils en furent chassés dans le douzième siècle. Un autre quartier, nommé *la Ville*, fut entièrement rasé, et un quatrième, appelé le *Château franc*, existe encore, et forme la ville actuelle. Malgré les jardins et les vastes enclos qui devaient alors se trouver dans son enceinte, Vichy a dû à cette époque être assez considérable, si on en juge par l'emplacement qu'il occupait. Il eut beaucoup à souffrir dans différentes guerres qui eurent lieu après le douzième siècle.

Louis XI, duc de Bourbon, y fonda, en 1410, un monastère sous la protection de saint Célestin. L'église en fut même commencée en 1402 : il avait le projet de s'y retirer,

---

(1) De Coiffier, *Histoire du Bourbonnais.*

après avoir terminé quelques arrangements politiques, dont il ne s'était mêlé qu'à regret, et dont la mort l'empêcha de connaître les résultats.

A cette époque Vichy devint une place forte. Le même Louis, qui venait d'y fonder le couvent des Célestins, entoura la ville de fossés et de remparts, et y fit construire plusieurs tours crénelées. On y entrait par trois portes, dont une est encore presque entière, c'est la *porte de France*, près de la source de l'Hôpital. Nous y vîmes deux tours solides et une porte cintrée très-bien conservées ; mais les fossés sont en partie comblés, et les ponts-levis n'existent plus. Nous vîmes cependant au delà des ruines des Célestins une portion des remparts encore intacte, parce qu'au lieu d'avoir été bâtis, ils avaient été taillés dans le rocher calcaire déposé par la source minérale.

Les tours, au nombre de sept, étaient réunies deux à deux pour protéger les portes, et la septième, plus élevée que les autres, servait de vigie, et était placée au centre de la ville. Elle existe encore entière ; elle sert de clocher, et nous vîmes qu'on y avait placé l'horloge et le drapeau.

Vichy était souvent en querelle avec Cusset ; car alors deux villes aussi voisines ne pouvaient

La Vieille Porte de Vichy.

pas rester en bonne intelligence ; et de nos jours encore on voit souvent de petits intérêts diviser celles qui sont assez rapprochées pour se disputer quelque privilége ou quelque préséance. Les habitants de Cusset en vinrent à des voies de fait envers ceux de Vichy : ils détournèrent les eaux de la source de Cyolant, que ceux de Vichy faisaient venir de plus d'un quart de lieue, et une belle fontaine élevée sur une place devant la maison du sieur Gasville, se trouva tout à coup à sec, au grand déplaisir des vilains et des religieux du couvent, qui tiraient leur eau de la même source.

En 1440, pendant la guerre civile de la Praguerie, Charles VII, après avoir rassemblé à Clermont les états d'Auvergne, voyant que les seigneurs et les princes révoltés, qui avaient juré de se soumettre et de se rendre auprès de lui, manquaient absolument à leur parole, partit de la ville, bien résolu de continuer la guerre, fit passer l'Allier à ses troupes, et vint assiéger Vichy.

Cette place était défendue par un nommé Barrette, qui la rendit aussitôt que le roi y fut arrivé, et jura de lui rester fidèle. Quoique la ville, dit Dulaure (1), se fût rendue

---

(1) *Bourbonnais*, page 72.

presqu'à la première sommation, quoique les habitants fussent fort innocents de cette révolte, qui était l'unique ouvrage de l'ambition des princes et seigneurs, ils demandèrent cependant au roi, comme une grâce, *de n'être pillés ni égorgés par ses troupes*, et le roi, dit un écrivain du temps, *bénignement leur octroya*, avec cette condition : que les vivres qui se trouvaient dans la ville seraient départis à ses soldats, et qu'ils y resteraient en garnison. De Vichy, le roi marcha vers Cusset, et envoya mettre le siége devant Varennes, qui se rendit après quelque résistance.

Le pont dont nous avons déjà parlé faisait de Vichy un point très-important. La ville et ses environs eurent beaucoup à souffrir de cette importance politique, à l'époque des guerres de la religion. L'armée des princes confédérés, composée de soldats protestants, du Quercy, du Languedoc, de l'Auvergne et du Bourbonnais, venant du Forez, passa à Vichy pour aller à Chartres se joindre aux troupes du prince de Condé; elle y arriva le 4 janvier 1568, et y séjourna un jour. Poncenac, un de leurs chefs, avait reçu l'ordre d'aller en avant, comme connaissant mieux le pays, et il s'était emparé du pont de Vichy. Les protestants le passèrent le 5 janvier, et le

6, jour des Rois, ils découvrirent l'armée nombreuse des catholiques qui occupaient la plaine entre Cognac, Randan, Gannat et Lafont. Leurs chefs étaient Saint-Hérem, gouverneur d'Auvergne; Gordes d'Urfé; Nectaire de Sennectaire, évêque du Puy, qui avait remplacé la mitre par un casque étincelant, et l'étole par une épaisse cuirasse. On y voyait aussi Saint-Chaumont, le baron de Lastic, Bressieu, et Jean Mottier de la Fayette, seigneur de Cognac, qui n'avait pu s'empêcher de prendre part à cette action.

Les protestants ne pouvaient éviter le combat. Les chefs firent rompre le pont de Vichy, pour ôter à leurs troupes tout espoir de salut s'ils n'étaient pas vainqueurs. Ils les engagèrent à combattre le même jour, dans la crainte que le lendemain les catholiques ne fussent encore plus nombreux. Claude de Lévis, seigneur d'Audon, et le capitaine Laboissière, prirent le commandement de l'avantgarde qui était composée des régiments de Foix et de Rapin. Le corps d'armée fut composé de huit enseignes du régiment de Montclars et de onze de celui de Mouvans; sur l'aile gauche on porta la cavalerie formée des gendarmes de Bruniquel, de Savignat et de Montamor.

Après quelques escarmouches de la cavalerie, le baron de Paulin, suivi de son guidon, secondé par le vicomte son frère et par Poncenac, attaqua la cavalerie des catholiques commandée par Bressieu, qui, au premier choc, fut tué et sa troupe mise en déroute. La bataille s'engagea de toutes parts. Les protestants, quoique mal armés, mirent bientôt les catholiques en fuite; plus de cent périrent sur le champ de bataille; le seigneur de Cognac fut tué, son château d'Hautefeuille fut brûlé, ainsi que l'église de Cognac.

Les protestans perdirent peu de monde : leur plus grande perte fut causée par une méprise qui eut lieu le soir même de la bataille. Ceux qui gardaient les bagages à Cognac tirèrent sur leurs troupes qui poursuivaient des fuyards, et cette méprise coûta la vie à Poncenac et à Saduret, prévôt du Forez.

Les catholiques se retirèrent à la faveur de la nuit vers Aiguéperse, Riom, Clermont, Montferrand et autres places d'Auvergne, où on ne voulut point les recevoir, parce qu'avant de partir ils avaient promis de revenir vainqueurs, et qu'ils avaient recommandé aux habitants de ces villes de ne recevoir aucun de ceux qui échapperaient au combat, afin qu'ils pussent les faire tous mourir ; on les prit eux-mêmes pour des protestants vaincus, et ils furent obligés de vivre dans les campagnes où ils firent une infinité de maux (1).

Le pont de Vichy ne tarda pas à être rétabli, et dès 1576, les troupes que le prince Palatin conduisait au secours du parti protestant, vinrent aussi passer l'Allier à Vichy. Elles assiégèrent la ville à la fin de février, la prirent et s'y retranchèrent dans la crainte de l'armée royale qui approchait. Cependant le prince jugea plus convenable de repasser l'Allier, et d'aller avec son armée attendre le prince de Condé sur les frontières d'Auvergne. Le droit de premier occupant lui permit de lever plus facilement une forte contribution sur cette province.

Enfin Mezerai rapporte qu'au mois d'août 1590, le grand-prieur de France, qui voulait faire valoir, par la force, les droits qu'il disait avoir au comté d'Auvergne, en vertu d'une donation testamentaire de la reine Catherine, vint mettre le siége devant Vichy ; mais il apprit ensuite que le marquis de Saint-Sorlin, frère du duc de Nemours, ve-

---

(1) Dulaure, *Description de l'Auvergne*, page 96.

nait au secours des habitants, il se retira et conclut bientôt après une trêve de quatre mois.

Vichy eut beaucoup à souffrir pendant toutes ces guerres, et il en fut de même du couvent des Célestins, situé dans une position favorable à la défense, et dont il fallait s'emparer à tout prix. Aussi, depuis sa fondation en 1410, jusqu'à sa suppression en 1774, c'est-à-dire pendant plus de trois siècles et demi, il fut saccagé plusieurs fois.

En 1565 il fut pillé à l'époque de la bataille de Cognac; huit ans plus tard, en 1576, il fut complétement ruiné par les huguenots, au point que les religieux s'adressèrent au roi Henri III pour obtenir des secours, et des commissaires furent envoyés sur les lieux pour dresser procès verbal de tous les dégâts.

Enfin, en 1590, le couvent des Célestins eut encore un siége à soutenir, et pendant que les troupes du capitaine Beauregard, qui s'en était emparé pour le défendre, y commettaient toute espèce de désordres, le canon des assiégeants vint percer jusqu'au sanctuaire de l'église, dont un pan de muraille finit par s'écrouler (1).

---

(1) V. Noyer, *Lettres sur Vichy*, page 26.

Malgré tous ces malheurs le monastère fut presque toujours riche et puissant. Les rois le protégèrent et lui accordèrent de hautes faveurs. Les ducs du Bourbonnais lui abandonnèrent le revenu de plusieurs terres considérables, et les religieux eux-mêmes surent se créer des ressources en vendant le droit de sépulture dans leur église. En entourant d'une certaine pompe les obsèques de ceux qui avaient élu chez eux leur dernière demeure, ils flattaient la vanité de ces vieux chrétiens, et en tiraient d'assez fortes sommes d'argent. La branche des Bourbons-Carency y fut inhumée. On y conserva long-temps les restes de Catherine de Chouvigny, dame de Châtel-Montagne; de Guillaume Cadier, bienfaiteur du couvent, inhumé le 14 janvier 1471; d'un comte de la Fayette, et de Claude Desaix et de sa femme, dont le tombeau était remarquable par le travail de l'armure du chevalier, par le lion couché à ses pieds, et le chien couché à ceux de sa femme (1).

Parmi leurs plus anciens priviléges, on remarque celui que leur accorda, en 1410, le duc Louis, leur fondateur, d'exempter du

---

(1) De Coiffier, *Histoire du Bourbonnais*, tome 2, p. 294.

péage qui avait lieu sur le vieux pont de Vichy, tous ceux qui viendraient moudre leurs grains au moulin de *Chisson* qui appartenait aux religieux, privilége qui depuis fut renouvelé par Louis XIV. Charles VI les exempta de tout impôt sur les vins, et par la suite, ils obtinrent tant de priviléges, qu'ils ne payaient plus aucune taille ni impôt. Ils pouvaient même prendre, sans payer de gabelle, trois setiers de sel au grenier qui était établi à Vichy.

Le couvent des Célestins était un asile sacré. La justice ne pouvait se saisir des criminels qui s'y réfugiaient; et tous ces priviléges, il les conserva jusqu'en 1774, époque à laquelle Louis XV supprima la communauté. Il n'y avait plus alors qu'un petit nombre de religieux qui relevaient de l'évêque de Clermont. Ce dernier s'empara de leurs biens, et fit à chacun d'eux une pension viagère de dix-huit cents francs. Le dernier de ces religieux mourut à Vichy en 1802 (1).

Un second couvent s'établit, en 1614, très-près de l'établissement thermal. Il était occupé par des capucins qui y recevaient les

---

(1) V. Noyer, *Lettres sur Vichy*, page 29.

religieux de leur ordre, malades ou infirmes, et tâchaient de les guérir par l'action des eaux minérales. Aussi ce couvent, dont les bâtiments existent encore en très-grande partie, est-il placé très-près de l'établissement thermal. Sa chapelle est encore debout, et c'est là que se fabriquent maintenant les eaux gazeuses et les eaux de Seltz, dont nous avons parlé dans la première partie.

Avant la révolution de 1789, Vichy avait un grenier à sel auquel venaient s'approvisionner un grand nombre de paroisses des environs. Le sel s'y vendait environ soixante-deux centimes la livre, c'est-à-dire, que la ville était honorée d'une grande gabelle, impôt très-onéreux, mais moins gênant cependant que celui des traites qui s'y percevait aussi. Ce dernier consistait en un droit perçu sur toutes les marchandises qui sortaient par eau de la province d'Auvergne. Le commerce des vins était celui qui souffrait le plus de ce droit de sortie.

Les eaux thermales qui font actuellement toute la richesse de Vichy, n'ont pas toujours été recueillies dans un magnifique établissement; pendant long-temps elles furent abandonnées comme la plupart des eaux minérales. La source du Grand-Puits était re-

cueillie dans un petit bâtiment que l'on appelait *la maison du roi*, et ce ne fut qu'en 1787 que l'on songea à leur construire un temple digne de leur puissance. A cette époque Mesdames Adélaïde et Victoire de France vinrent à Vichy pour leur santé. « Elles partagèrent, dit M. Lucas, le malaise
» général; rien n'avait été changé pour leur
» réception; *elles étaient deux malades de*
» *plus*. Leur présence fut un bonheur pour
» le pays, et surtout pour les pauvres; leur
» séjour devint un bienfait pour l'humanité.
» Un nouveau bâtiment thermal fut cons-
» truit, de grandes améliorations furent pro-
» jetées. Mesdames arrêtèrent les plans : il
» ne leur a pas été permis de les faire exé-
» cuter : la galerie et le bâtiment des bains
» constatent leurs intentions. Leurs noms
» inscrits sur le portique de ce nouveau bâ-
» timent, ont traversé les temps du malheur
» de la France, défendus par le respect que
» commandait le souvenir de leurs bien-
» faits » (1). En 1814, Madame la duchesse d'Angoulême est venue aussi à Vichy, et elle a puissamment contribué à doter cette con-

---

(1) *Analyse des Eaux thermales de Vichy*, page 125.

trée du bel établissement qu'on y voit aujourd'hui. Elle a donné au projet de Mesdames une plus grande extension ; elle a posé la première pierre du bâtiment actuel, et a donné des fonds pour hâter sa construction. C'est à elle que les malheureux doivent maintenant leur admission gratuite dans l'hospice, et tout le monde sait qu'en 1830 elle était encore occupée de soulager leur misère, quand Charles X signait son propre exil, et l'enchaînait à sa destinée.

Malgré le mauvais état des lieux avant 1787, Vichy reçut souvent la visite de personnes d'un rang très-élevé. Le grand Fléchier y vint dans sa jeunesse, et parle de cette localité avec tout l'enthousiasme que peut inspirer à une âme jeune et passionnée les richesses et les beautés de la nature (1).

---

(1) « Il n'y a pas dans la nature, dit-il, de paysage plus beau, plus riche et plus varié que celui de Vichy.

Lorsqu'on y arrive, on voit d'un côté des plaines fertiles ; de l'autre, des montagnes dont le sommet se perd dans les nues, et dont l'aspect forme une infinité de tableaux différents, mais qui, vers leur base, sont aussi fécondes en toutes sortes de productions que les meilleurs terrains de la contrée.... Ce qu'il y a de plus remarquable en ce lieu, continue-t-il, c'est qu'on n'y trouve pas seulement de quoi récréer la vue lorsqu'on le contemple, et à s'y nourrir délicieusement lorsqu'on l'habite, mais encore à se guérir quand on est malade ; en sorte que toutes les

Mme de Sévigné y vint en 1676, et sa première lettre dans laquelle elle dépeint à sa

beautés de la nature semblent avoir voulu s'y réunir avec l'abondance et la santé. »

A cette description en prose, le même écrivain en joint une autre en vers, où l'on trouvera plus de facilité que de poésie:

C'est pour voir ces lieux à loisir.
Où la nature a pris plaisir
A réunir dans l'étendue
Tout ce qui peut plaire à la vue;
Les villages et les châteaux,
Et les vallons et les coteaux,
La perspective des montagnes,
Couronnant de vastes campagnes;
Le beau fleuve, qui, dans son cours,
Forme à leurs pieds mille détours :
La verdure émaillée des plaines,
Le cristal de mille fontaines;
Les prés, les ruisseaux et les bois,
Toutes ces beautés à la fois
Rendent le pays admirable;
Et dans ce séjour délectable,
Séjour à jamais préférable
A celui qu'habitent les dieux,
On pense, et c'est chose croyable,
Que pour l'utile et l'agréable,
Jamais on ne peut trouver mieux;
Tous les efforts que la peinture
Fait pour imiter la nature,
Ne sont que de faibles crayons
Des beautés que nous y voyons.
Auprès de toutes ces merveilles,
Qui sont peut-être sans pareilles,
Je n'estimerais pas un chou,
Le paysage de Saint-Cloud,
Non plus que celui de Surène,
Arrosé des eaux de la Seine;
Et qui vente Montmorenci,
Se tairait s'il eût vu ceci.

fille le beau tableau que lui présente la campagne des environs, est datée du 19 mai. Ce fut à peu près à cette époque que nous commençâmes les promenades dont je vais essayer de rendre compte.

PREMIÈRE PROMENADE.

LA COTE DE SAINT-AMAND ET LES EAUX D'HAUTERIVE.

Nous attendions un beau jour avec bien de l'impatience, car depuis quelque temps on nous parlait des environs de Vichy comme de sites merveilleux, et l'on citait surtout, avec de pompeux éloges, les bords du Sichon et la côte de Saint-Amand. Loin de conserver pour les dernières, les courses qui semblaient nous offrir le plus de plaisir, nous commençâmes de nous assurer par nos propres yeux de toutes les merveilles qui nous entouraient. Nous partîmes donc aussitôt après le déjeuner pour la côte de Saint-Amand que l'on voit très-bien de Vichy, et qui en effet n'en est éloignée que d'une bonne demi-lieue. On amena une collection d'ânes destinés à servir de monture à plusieurs dames, et à quelques malades qui voulaient faire la même promenade que nous, et la caravane se mit en marche.

Nous laissâmes Vichy à droite, et, guidés par les ânes qui connaissaient de reste la route que nous allions parcourir, nous prîmes sur la gauche un chemin bordé de saules et de noyers. Un peu plus loin, des saules ombrageaient les deux côtés du chemin; des peupliers venaient s'y joindre, et leurs jeunes feuilles, exposées au soleil du printemps, répandaient une odeur balsamique dans tous les environs.

Nous commençâmes à monter, laissant à droite l'Allier et ses bouquets d'arbres, et à gauche une maison de campagne avec une petite avenue d'ormeaux et deux jolis sorbiers.

Un peu au delà se trouve un vieil ormeau près duquel on tourne à droite, et des frênes alternant avec de jeunes noyers indiquent le chemin qu'il faut suivre. Déjà paraissent au loin le puy de Dôme et les montagnes qui en sont voisines, tandis que du côté opposé la vue se repose agréablement sur de beaux vignobles et sur des massifs d'arbres fruitiers tellement rapprochés, qu'ils semblent former une véritable forêt.

Nous montâmes encore sur le terrain calcaire qui forme la côte de Saint-Amand, et nous traversâmes les vignes et les vergers que nous apercevions loin de nous quelques instans plus tôt. Le feuillage encore rouge de vieux noyers contrastait avec les magnifiques bouquets de fleurs blanches dont les cerisiers étaient couverts, et les cimes verdoyantes de nombreux pommiers qui bientôt allaient aussi épanouir leurs corolles carminées.

Nous vîmes au pied d'un vieil arbre une petite croix de pierre portant l'inscription de 1830, et un chemin qui traversait celui que nous avions suivi formait aussi une croix sur le sol.

Nous étions alors sur le sommet du petit plateau que l'on désigne sous le nom de Côte de Saint-Amand. Le chemin de droite nous conduisit près d'un arbre séculaire que la foudre venait de détruire; son tronc fendu avait été entièrement charbonné, et ses branches brisées gisaient autour de lui. Deux pas plus loin nous avions sous les yeux le tableau que nous venions chercher. Ce tableau, c'était l'Auvergne et le Bourbonnais.

Ce qui nous frappa le plus fut le cours sinueux et prolongé de l'Allier, avec ses îles nombreuses, ses touffes de saules, ses bouquets d'aulnes et ses lignes de hauts peupliers. A nos pieds étaient deux jolis villages ornant les deux rives de la rivière. De notre côté se trouvait Abret, de l'autre Hauterive; çà et là des hameaux et des arbres fruitiers annonçaient la richesse du sol, et contribuaient à la beauté du paysage. A gauche, on apercevait les montagnes qui dominent la ville de Thiers et ses vallons sauvages, le sombre Montoncelle enveloppé de ses noirs sapins, et la chaîne du Forez avec ses vallées profondes, ses ruisseaux encaissés, ses plaines de bruyères et ses massifs d'arbres verts. Au loin, c'était la Limagne d'Auvergne, ses champs, ses villages rapprochés, ses buttes de basalte et ses collines calcaires, et plus loin encore le Cantal, dont les sommets déchirés se perdaient dans un brouillard léger. Le Mont-Dore, un peu moins éloigné, offrait ses longs plateaux où la verdure n'avait pas encore remplacé de larges taches de neige, et la chaîne volcanique des monts Dômes se prolongeait en festons arrondis, et diminuant graduellement de hauteur jusqu'aux collines des environs de Gannat, jusqu'aux plaines du Bourbonnais. A notre droite était Vichy et sa vieille tour, et ses hauts peupliers qui nous cachaient la vue de l'établissement thermal, puis au delà les vignobles de Creuzier et un immense lointain. Telles étaient les limites du vaste horizon que nous pouvions dominer; qu'on juge, d'après ce cercle immense, des objets sans nombre qu'il pouvait contenir; qu'on se figure ces vastes plaines inégalement distribuées en parcelles morcelées par les différences de culture; qu'on imagine toutes les nuances de verdure produites par les divers états de la végétation ; qu'on se représente tous ces villages, toutes ces habitations dispersées et ces lignes d'arbres fleuris dont la direction indiquait si bien les ruisseaux et les rivières ; qu'on place enfin sur les collines de vieux châteaux ou des tours démantelées, et bien loin Clermont avec sa vieille cathédrale, on aura peut-être une idée du grand spectacle que nous admirâmes long-temps, assis sur le flanc du côteau, qui fut autrefois un des bords du grand lac de la Limagne. Quand nous réfléchissions aux changements survenus sur la terre depuis sa création, nous restions confondus de notre impuissance, et pénétrés de surprise et d'admiration. Cette belle plaine dont les assises recèlent les débris d'un si grand nombre d'animaux dont les races n'existent plus; cette plaine qui tour à tour fut arrosée du sang des Romains, des Gaulois et des Barbares, s'offrait à nos yeux sous un aspect si calme et si tranquille, que les vieilles pages de l'histoire et les médailles de la nature n'offraient plus rien à notre imagination; le présent effaçait complétemeut le passé.

Sous nos pieds étaient des vignes et une carrière d'où l'on tirait d'assez belles pierres de construction. Un petit sentier nous permit d'y descendre pendant que les personnes de notre société, qui s'étaient munies d'ânes avant de partir, faisaient un grand détour pour gagner le village d'Abret. Nous les y précédâmes, et le batelier nous ayant vus de loin, arriva de suite avec son batelet pour nous transporter sur l'autre rive. Il n'avait pas aperçu les ânes, et comme il fut obligé de leur faire les honneurs du grand bâteau, son premier voyage devint à peu près inutile pour lui.

Nous marchâmes un demi-quart d'heure sur des terres couvertes de sable et de gravier, puis nous entrâmes dans le village d'Hauterive, qui est entouré d'un grand nombre d'arbres dont les troncs sont en partie cachés par le dépôt des sables de l'Allier.

Une seule chose nous intéressait, c'était les eaux minérales que l'on nous avait dit analogues à celles de Vichy. Nous fûmes les visiter; elles sont à une petite distance du village, sur le bord de l'Allier, et enfermées dans un petit bâtiment dont la partie supérieure sert de colombier. Il y a deux fontaines dont les eaux sont froides, gazeuses et piquantes. Quoique très-rapprochées, ces deux sources ne paraissent pas être identiques; une d'elles offre une eau plus piquante et plus limpide que l'autre. Toutes deux laissent déposer du carbonate de chaux qui se concrète sur les parois extérieurs de leurs réservoirs, et qui est fortement coloré en jaune d'ocre par une matière organique, et probablement aussi par de l'oxide de fer.

Ces eaux nous parurent avoir à peu près le même goût que celles des Célestins, ou du moins celles de l'une des sources. Quant à leurs propriétés, elles sont à peu près les mêmes que celles de l'eau des Célestins. On les a employées avec succès dans le traitement des maladies des voies urinaires; le docteur Lucas les prescrivait fréquemment, et je ne doute pas qu'elles n'aient les plus grands rapports avec les eaux de Vichy.

Après avoir goûté les eaux d'Hauterive nous songeâmes à retourner à Vichy, car l'heure du dîner s'était écoulée sans que personne y ait fait attention, et il nous fallait près d'une heure pour gagner notre hôtel. Nous repassâmes à Abret le bac qui déjà nous avait transportés, et nous prîmes un chemin qui traverse des terres très-fertiles, qui sont un ancien dépôt de l'Allier. Ces terres ont été converties en jardins, ou du moins elles sont cultivées avec autant de soin. On y plantait des potirons, des haricots et des pommes de terre; on y semait du chanvre, et un joli sentier nous amena bientôt dans un chemin gazonné sur les bords et fortement ombragé. Nous suivîmes quelque temps le bord de l'eau, et bientôt après nous retrouvions, près de Vichy, la route que nous avions suivie le matin.

SECONDE PROMENADE.

LES BORDS DU SICHON.

Si l'on regardait bien dans ce pays, disait madame de Sévigné en arrivant à Vichy, je crois que l'on y trouverait encore des bergères de l'Astrée. Si quelqu'un voulait s'occuper de cette recherche, je l'engagerais à visiter d'abord les rives du Sichon, et si l'on n'en rencontrait pas quelques-unes sous ses ombrages épais ou dans les vertes prairies qu'arrosent ses eaux, il faudrait renoncer à les trouver ailleurs. Rien n'est plus frais ni plus pittoresque que cette jolie promenade que nous fîmes au mois de juin, par un de ces beaux jours d'été qui invitent d'une manière si pressante à s'élancer dans la campagne, et à respirer l'air embaumé du matin.

Cinq heures venaient de sonner; les buveurs les plus diligents couraient déjà aux fontaines, et nous arrivions sur le bord de notre jolie rivière, bien décidés à remonter son cours, aussi loin que la journée pouvait nous le permettre. Le rossignol chantait encore, et les fleurs des prairies couvertes de rosée se pressaient mutuellement sous l'influence d'une active végétation.

Le feuillage des peupliers s'agitait sous la brise du matin, et le parfum des plantes qui ornaient les bords des ruisseaux ajoutait encore au charme de cette délicieuse promenade. Au chant des oiseaux venait se mêler le bruit confus de diverses fabriques et le murmure lointain de la rivière. Nous vîmes d'abord de grandes prairies que des lignes de saules, d'aulnes et de peupliers divisaient en nombreux compartiments, sur lesquels se projetaient d'un côté les ombres allongées produites par le soleil levant. Çà et là, un bras du ruisseau s'épanchait sur ces beaux tapis de verdure, baignant les nombreuses graminées qui les formaient, et les fleurs dorées des renoncules étaient réfléchies dans une eau pure et transparente. D'espace en espace, les deux rives du Sichon se trouvaient réunies par de petits ponts de bois qui conduisaient sous des allées ombragées, et à chaque instant nous étions tentés de quitter notre route pour errer à l'aventure dans ces nouveaux Champs Elysées. Bientôt nous nous trouvâmes en face d'une fabrique où l'on sciait des pierres du pays, espèce de marbre blanchâtre et prenant difficilement le poli. Un petit pont, un lavoir et une de ces jolies avenues que nous avons citées tout à l'heure, se présentèrent successivement à nos yeux. Le Sichon coulait à pleins bords, et de jeunes pousses de menthe sauvage, des épilobes aux fleurs roses et régulières, et les rameaux flexibles de la douce-amère, s'inclinaient sur ses eaux, et souvent touchaient leur surface. Près de là quelques champs de blés descendaient jusqu'au bord du chemin que nous suivions, et déjà les bleuets et les coquelicots s'y mêlaient aux fleurs roses et blanches du liseron des champs.

Nous nous arrêtâmes un instant pour dessiner une seconde usine dont une large roue faisait mouvoir les rouages; le trop-plein formait une jolie cascade, et de petites gerbes d'une blancheur éclatante s'échappaient de toutes les fissures qu'offraient les planches mal jointes de la prise d'eau. Une petite maillerie s'élevait à côté, et des bouquets d'arbres cachaient en partie la fabrique et le ruisseau. Nous arrivâmes à une longue allée de peupliers à l'entrée de laquelle nous vîmes deux grosses pierres d'origine volcanique, ce qui nous frappa d'autant plus qu'il faudrait aller loin de là pour rencontrer des pierres de même nature. On a donné à cette belle avenue un

Une Fabrique sur le bord du Sichon.

nom (*Avenue de Mesdames*) qui rappelle le séjour que firent à Vichy, en 1785, Mesdames Adélaïde et Victoire de France. C'est à ces princesses que l'on doit les premières plantations qui furent exécutées le long de la jolie route que nous suivions.

Nous rencontrâmes encore plusieurs fabriques. L'une était munie de deux grandes roues à palettes, et d'une petite garnie d'augets destinés à monter l'eau dans l'usine où elle entrait par une croisée.

Près de là le chemin commence à monter; il est encore garni de nombreux peupliers, puis il s'élargit. Nous passâmes près d'un moulin à farine; nous laissâmes derrière nous quelques maisons; à droite étaient de beaux vergers, des chanvres, des blés et des habitations. Deux petits poteaux munis d'une chaîne ferment ici le chemin à volonté, et s'opposent au passage des voitures.

La rivière coulait toujours à notre gauche, et les larges fleurs jaunes de l'iris sauvage s'épanouissaient sur les bords, près des tiges grimpantes du houblon et du chèvre-feuille. A droite, nous vîmes un petit château moderne avec un jardin paysager; puis encore une fabrique dont les roues sont abritées sous un hangar, et à laquelle on parvient au moyen d'un petit pont de pierre à deux arches, dont le pilier central est muni d'un éperon.

Au delà de toutes ces fabriques le Sichon se partage en plusieurs branches, et quelques vannes seulement distribuent ses eaux pour arroser les prairies. Enfin, libre d'écluses, il s'élargit, les branches des aulnes s'étendent à sa surface, et ses bords sont ornés des panaches blancs de la reine des prés, et des grappes régulières du plantain d'eau. Alors on y voit des îles toutes couvertes de verdure, entourées de saules et bordées de trembles aux feuilles mobiles, à l'écorce luisante, et de saponaires aux fleurs roses et découpées.

Nous étions alors bien rapprochés de Cusset; des vignes, des plantations, des jardins, des coteaux cultivés nous annonçaient sa proximité; et en effet nous étions arrivés à une grande fabrique qui fait partie de la ville. C'est une papeterie qui doit encore au Sichon tous ses avantages, et qui en revanche anime la contrée et donne du travail à de nombreux ouvriers.

CUSSET.

Nous entrâmes à Cusset, petite ville plus remarquable par sa situation pittoresque, entre deux rivières, le Sichon et le Jolan, au pied des dernières ondulations des montagnes du Forez, que par ses rues et ses édifices qui n'offrent rien à la curiosité du promeneur. On y voit cependant de belles plantations et de jolis jardins occupant les lieux où étaient autrefois les tours et les fossés qui défendaient la ville.

L'origine de la ville date de l'établissement d'une métairie, vers l'an 826. Elle faisait partie du comté d'Auvergne et des propriétés de l'abbaye de Saint-Martin de Nevers. Eumenus, évêque de cette dernière ville, en fit l'acquisition en 886, pour y établir un couvent de religieuses dont le Sichon venait presque baigner les bâtiments. Cette fondation fut confirmée la même année par lettres de Charles-le-Chauve, et cette maison prit le titre d'abbaye royale. Elle était de l'ordre de Saint-Benoît. L'empereur l'exempta de toute espèce de censives et de décimes, moyennant la redevance annuelle d'une livre d'argent qu'elle devait payer à l'évêque le jour de la Saint-Martin; mais aussi ce dernier n'avait pas le droit d'y changer l'ordre monastique, ni de leur donner, sans leur consentement, d'abesse tirée de toute autre maison que de la leur.

Il faut remarquer, dit de Coiffier, que, malgré le titre d'abbesse donné dans la charte qui fait mention de ces priviléges, la fondation n'était que celle d'un simple couvent, et ce n'est qu'en 1236 que Hugues de Clermont l'érigea en abbaye de filles nobles, et lui accorda de grands priviléges. Ainsi il était défendu sous peine de mort de violer cet asile. L'abbesse partageait la justice avec le roi. C'est elle qui nommait le chantre et les dix-sept chanoines du chapitre de l'église de Notre-Dame, qui était contiguë au couvent; et avant que la clôture fût de rigueur pour les religieuses, elle avait le droit de prendre la première place daus le chœur des chanoines (1). Cette abbaye conserva long-temps son importance; en 1572, elle avait trente-six religieuses outre l'abbesse, et sa composition était à peu près la même en 1789. Philippe-Auguste, saint Louis et Louis XI avaient confirmé tous les priviléges de cette abbaye.

Les sires de Bourbon possédaient Cusset dès l'an 1100, et peut-être avant; car *l'abbaye de Cussoy* est comprise dans l'hommage rendu par Archambaud V à l'évêque de Nevers.

---

(1) De Coiffier, *Histoire du Bourbonnais*, tome 2, p. 92.

Les habitations se groupèrent bientôt autour du couvent ; les serfs avaient alors besoin de défenseurs, et ils ne les trouvaient qu'en courbant la tête sous la lourde épée des seigneurs, ou en fléchissant le genou devant les priviléges des abbayes.

Cusset augmenta peu à peu ; au couvent succéda le village, puis vint la ville avec ses murailles, ses tours et ses larges fossés où venaient croupir les belles eaux du Sichon. La ville devint indépendante des seigneurs voisins ; les rois y instituèrent un bailliage royal où étaient portés les cas royaux du Bourbonnais et de l'Auvergne ; et dès lors Cusset prit sa place parmi les villes du royaume.

C'est à Cusset qu'eut lieu l'entrevue du dauphin, qui fut depuis Louis XI, avec son père Charles VII.

Après avoir soumis une partie de l'Auvergne et du Bourbonnais, le roi s'était emparé de Vichy, de Varennes et d'autres places du voisinage, sur les princes et seigneurs révoltés, dont le dauphin, son fils, faisait partie. Quoique les révoltés eussent déjà violé le traité fait à Clermont quelques jours auparavant, se voyant battus de tous côtés et sans espoir de succès, ils tentèrent de nouvelles voies d'accommodement ; ils députèrent auprès du roi qui était à Roanne, le comte d'Eu, pour proposer à sa Majesté de se rendre à Cusset, et que là, dit Berri, dans son Histoire de Charles VII, *monseigneur le dauphin et monseigneur de Bourbon viendraient se mettre à sa miséricorde* (1). Ce dernier avait déjà fait des tentatives de séduction près des habitants de Cusset, et il avait obtenu pour toute réponse des habitans qu'ils serviraient volontiers le dauphin, mais non contre son père.

Les sollicitations du comte d'Eu furent assez pressantes pour déterminer le roi à se rendre à Cusset, où le duc de Bourbon vint le trouver avec le dauphin. Ils implorèrent sa clémence, *se jetant à genoux et criant trois fois merci. Loys*, lui dit son père, *vous soyez le bien venu, vous avez moult longuement demouré, allez-vous-en reposer en votre hôtel pour aujourd'hui, et demain nous parlerons à vous.*

Il reprocha aussi au duc de Bourbon ses méfaits précédents et finit par lui pardonner. *Après plusieurs paroles et démêlés en toute humilité, ils firent grande chère ensemble, et firent publier la paix dont tout le peuple fut réjoui.*

Le roi fit expédier des lettres datées de

---

(1) Dulaure, *Description du Bourbonnais.*

Cusset, du 24 juillet 1440, par lesquelles, pour prévenir la continuation des hostilités, il annonce à ses peuples la soumission du dauphin et du duc de Bourbon. Le duc d'Alençon, instruit de la démarche des princes dont il avait été le complice, envoya aussitôt à Cusset un député pour offrir sa soumission au roi, qui pardonna à tous les chefs de la révolte, mais qui refusa la grâce de quelques seigneurs moins puissants, tels que Chaumont, La Trémouille et quelques autres. Le dauphin lui ayant représenté qu'il avait engagé sa parole, et que, sans le rappel de ces seigneurs, il ne pouvait rester à la cour, le roi lui répondit fièrement qu'il était libre de se retirer, que les portes étaient ouvertes, et que si elles ne suffisaient pas, il ferait abattre vingt toises de murs pour le laisser passer à son aise.

Malgré ces humiliations, le dauphin, lorsqu'il monta sur le trône, accorda à Cusset de nouveaux priviléges; il le déclara « ville royale du domaine de la couronne, incommutablement inaliénable d'icelle. » Sa municipalité, sa milice, etc., sont sous la sauvegarde immédiate du roi. Elle devint le siége de deux bailliages (1). Déjà, par ses ordres, les

―――――――――――――――――――

(1) Chabrol, *Coutumes d'Auvergne*.

fortifications de Cusset avaient été terminées. Il avait chargé de cette mission Jean Doyac, né à Cusset, qui, du métier d'espion, devint le favori du roi et gouverneur de l'Auvergne. Ce fut aux dépens de cette province et du Bourbonnais qu'il entoura sa ville natale de tours et de hautes murailles; et bientôt après, en 1484, pour punition de ses exactions et de son insolence, il fut fouetté de la main du bourreau à Paris et à Montferrand; il eut la langue percée, et on lui coupa successivement les deux oreilles. Voici, dit de Coiffier, la description de Cusset dans le seizième siècle, destinée à faire connaître ce qu'il était alors, et l'idée que l'on avait de ses fortifications.

« La forme de la ville est carrée, ayant quatre bonnes portes, nommées Doyac, la Mère, la Barge et Saint-Antoine, entre lesquelles il y a quatre grosses tours fortes, bien percées et flanquées ; savoir, la tour prisonnière, la tour Saint-Jean, la tour du Bateau et la tour Notre-Dame, appelée la Grosse-Tour, laquelle a de diamètre au haut trente toises; et d'épaisseur de murs à fleur de terre, vingt pieds de roi. Cette tour est une des plus belles et mieux bâties qu'il se voie, car au dedans elle est propre à loger un roi ou un prince; outre cela, plusieurs belles et industrieuses casemates et canonnières, mais le logis est demeuré imparfait.

» La ville est tout enceinte de grosses et hautes murailles, en dedans de douze pieds de roi d'épaisseur; et par derrière tout à l'entour sont garnis de canonnières et casemates souterraines par lesquelles on va près de l'eau; et est flanquée ladite ville de toutes parts, tant par le moyen des porteaux que des tours qui sont distantes l'une de l'autre par égale portion; et les fossés, qui sont profonds et larges, sont à fond de cuve et tout pleins d'eau.

» Dans ladite ville passe partie de la rivière de Chizon (Sichon), par le moyen de deux canaux mis à travers sur les fossés sur pilotis de bois, l'un à l'endroit de la tour Saint-Jean, et l'autre à la tour du Bateau, et par le moyen de ladite eau mouillent (tournent) en la ville huit roues à moulin à blé. — Les fortifications de ladite ville, laquelle est bien accommodée d'eau tant de puits que de fontaine, ne se peuvent si bien décrire qu'il ne manque encore quelque chose, étant si bien composées et si superbes, qu'il faut inférer que toutes lesdites fortifications n'ont pas été faites sans raisons; la cause est la guerre du bien public. S'étant soulevés et bandés, les ducs de Bourgogne et Berri; les comtes de Toulouse et

Provence, et le duc de Bourbonnais comte d'Auvergne, contre le roi Louis XI, lequel trouva par son conseil être le plus expédient pour se garantir de telles élévations, de faire fortifier entre lesdits duchés, villes fortes qui étaient seulement de la couronne de France, comme était et est la ville de Cusset. — Doyac y aida grandement. — Les fortifications furent faites par son invention aux dépens des pays d'Auvergne et du Bourbonnais. »

Les fortifications du seizième siècle restèrent long-temps autour de Cusset, qui, depuis cette époque, n'eut plus de guerres à soutenir. Nous en cherchâmes les ruines, et nous vîmes seulement quelques fossés encore existants et convertis en jardins, une petite portion de muraille et les restes de la Grosse-Tour, propre à loger un roi ou un prince, et qu'un bourgeois de Cusset trouverait certainement moins commode que sa maison. Ces restes de l'ancienne enceinte de la ville contiennent de grosses masses de pierre volcanique noire, qui contrastent avec la couleur blanche des autres matériaux, et qui semblent avoir été disposés avec une certaine symétrie. Ce luxe a dû coûter des sommes considérables, car il n'existe aux environs de Cusset qu'un seul point volcanique qui est situé à une grande lieue de la ville.

Nous traversâmes quelques rues et plusieurs promenades bien ombragées ; nous vîmes l'église de Saint-Saturnin, la seule des trois églises de Cusset qui ait été conservée, et nous visitâmes l'hôpital dû à la munificence de Guérin de Champagnat, qui mourut à Paris en 1706, légant sa fortune à ceux de ses concitoyens que le malheur atteindrait.

LE SAUT DE LA CHÈVRE ET LE GOUR SAILLANT.

Cusset ne nous avait intéressé que par ses souvenirs historiques, et nous nous y arrêtâmes très-peu de temps. Reprenant les bords du Sichon, qui coule dans la ville sur de larges assises calcaires, nous continuâmes de remonter son cours, et en quelques instants nous retrouvâmes ses bords fleuris, ses aulnes et ses peupliers. Nous arrivâmes bientôt au pied des collines de terrain primitif, qui s'élèvent au-dessus de Cusset, et nous pénétrâmes dans une vallée étroite que le Sichon semble s'être creusée au milieu des roches porphyriques. Déjà il ressemble à un petit torrent de montagne, il coule dans un lit profondément encaissé, et ses eaux rencontrant de nombreux obstacles, blanchissent et bondissent en écumes sur les quartiers de roches qui s'opposent à leur passage. Le terrain paraît en couches verticales dans quelques endroits, et la rivière a poli les angles de ses assises.

Après avoir passé un petit moulin, nous arrivâmes près d'un rocher de porphyre qui s'élève à gauche sur le bord du chemin. A droite, coule la rivière à l'ombre de grands arbres dont elle baigne continuellement les racines. Nous étions *au Saut de la Chèvre*, localité illustrée par une romance, une légende et la visite annuelle des trois quarts de la population étrangère de Vichy. Une jeune fille qui faisait paître une vache sur le bord du chemin, nous raconta fort naïvement l'aventure de la pauvre chèvre ; et comme notre historien ne savait ni lire ni écrire, nous fûmes certains de recueillir une tradition orale.

« Bien avant que ma grand'mère ne vînt
» au monde, nous dit-elle, il y avait près du
» moulin que vous avez vu tout à l'heure, une
» petite maison qui servait de demeure à une
» pauvre femme qui n'avait plus d'enfants; ils
» étaient tous morts; elle était bien malheu-
» reuse, car, dans ce temps-là, les messieurs
» et les belles dames de Vichy n'osaient pas
» venir se promener dans cette vallée; il y
» avait des loups, et l'on n'avait pas encore

» inventé les fusils. Cette pauvre femme avait
» une chèvre qu'elle menait paître, tantôt
» d'un côté, tantôt de l'autre; mais elle ne
» pouvait la tenir avec une corde comme
» je tiens ma vache, parce que la chèvre vou-
» lait monter pour manger des herbes sur
» le rocher, et cette femme était trop vieille
» pour la suivre. Mais comme elle ne vou-
» lait pas contrarier sa chèvre, elle lui lais-
» sait faire ce qu'elle voulait. Un jour, elle
» était occupée à brouter sur le rocher que
» vous voyez au-dessus de votre tête; elle ne
» pensait à rien, pas plus que la pauvre
» femme qui était allée s'asseoir un peu plus
» bas. Voilà qu'un loup qui l'avait vue de
» très-loin est venu bien doucement, bien
» doucement, puis tout d'un coup il allait
» s'élancer sur la chèvre, quand celle-ci qui
» l'aperçut fut saisie d'une si grande frayeur,
» qu'elle sauta de la pointe du rocher juste
» à l'endroit où vous êtes. Le loup voulut en
» faire autant, mais il tomba sur un rocher
» qui était sur le bord de la rivière, et se
» cassa les jambes, tandis que la chèvre n'eut
» aucun mal. Le loup qui était blessé, hurla
» si fort de douleur et de rage d'avoir man-
» qué sa proie, qu'on l'entendit de bien loin
» et qu'on vint le tuer. Ma grand'mère m'a

» dit qu'elle avait vu du sang sur ces roches,
» mais je n'en ai jamais trouvé; et mainte-
» nant ma grand'mère est morte, la chèvre
» aussi, ainsi que la vieille femme, de faim
» peut-être; pourvu que ma pauvre mère
» et ma sœur, et..... »

Nous avions écouté avec trop d'attention pour ne pas comprendre la dernière phrase de cette histoire qui fut interrompue par nos remercîmens, dont l'objet était de retarder au moins pour quelque temps la crainte que la jeune fille avait semblé manifester.

Nous cotoyâmes encore les îles et les méandres du Sichon, jusqu'au hameau des Grivats, qui est presque entièrement formé par les dépendances d'une belle filature de coton. Nous visitâmes cet établissement qui semble fermer la vallée dans cet endroit, et qui, outre la force motrice que lui offre le ruisseau, emploie encore près de trois cents ouvriers.

Là se termine ordinairement la promenade des malades ou des curieux. J'engage ces derniers à ne pas borner leur excursion aux Grivats, car au delà seulement commencent les sites sauvages des bords du Sichon, les belles prairies qu'il arrose, les bois qu'il traverse, et les rochers dans lesquels il a tracé son lit. Au delà des Grivats paraissent ces scènes de paysages agrestes que le promeneur ne retrouve plus aux environs de Vichy, à moins qu'il ne veuille se rendre au Mayet-de-Montagne, ou sur la cime arrondie du puy de Montoncelle.

A droite et au-dessus de la fabrique, la colline est couverte de bois taillis qui se prolongent très-loin, et au pied desquels nous traversâmes des prairies couvertes de fleurs. Nous vîmes encore quelques moulins; puis la vallée s'élargissant tout à coup, nous nous trouvâmes dans une enceinte de verdure resserrée à ses deux extrémités, et dont le fond, formé de cailloux roulés par les eaux et couverts d'une active végétation, était celui d'un ancien lac.

Une lisière de hautes fougères bordait les bois qui couvraient les versans de cette enceinte, et leur élégant feuillage se mêlait aux fleurs des scabieuses et des centaurées. Un sentier très-étroit nous permit d'entrer dans un taillis très-épais et principalement formé de charmille, d'érable et de noisetiers. Les pentes des collines se rapprochaient et formaient un passage rétréci qui nous conduisait encore dans un autre cirque qui fut aussi un lac comme le précédent. On voit facilement, en faisant cette promenade, qu'avant de se rendre dans la Limagne et de se jeter dans l'Allier, le Sichon traversait autrefois une série de bassins ovales que ses eaux remplissaient; en sorte que les lieux couverts de fleurs et d'arbrisseaux où nous marchions alors, étaient une série de lacs qui se déversaient les uns dans les autres par des conduits étroits, mais qui, ayant enfin usé leurs digues, avaient répandu leurs eaux et s'étaient desséchés. Nous ne tardâmes pas à trouver encore une gorge resserrée dans laquelle le Sichon s'était ouvert un passage, et nous savions d'avance que nous allions voir un nouveau bassin; mais ici le chemin était fort étroit, et des rochers qui étaient tombés dans la rivière attestaient ses anciens efforts et son ancienne puissance. On remarquait dans l'eau et sur les bords, de grosses masses de pierres arrondies et liées par un ciment, roche à laquelle les Anglais ont donné le nom expressif de poudingue, qui a maintenant passé dans notre langue, tandis que celle qui formait les montagnes, était un schiste qui se divisait en feuillets comme les ardoises, et qui semblait avoir les plus grands rapports avec cette dernière substance. Au reste, cette roche n'était découverte que sur le bord de l'eau, car partout ailleurs la végétation la faisait disparaître.

Au-dessus des grandes fougères dont nous avons déjà parlé, s'élevaient en guirlandes allongées les tiges sarmenteuses de la clématite sauvage; près de l'eau se balançaient les épis dorés de la belle lysimaque; l'eupatoire et la digitale attendaient la fin de l'été pour épanouir leurs fleurs.

Après avoir franchi cet étroit passage, nous montâmes à gauche à travers les jeunes chênes et la charmille; un sentier plus étroit que nous rencontrâmes un peu plus haut à notre droite, nous conduisit dans un endroit moins fourré, et à une certaine élévation au-dessus du Sichon. Nous étions presque en face d'une de ses cataractes, si l'on peut donner ce nom à la petite chute d'un faible ruisseau.

Après avoir arrosé déjà une grande étendue de prairies, le Sichon rencontre des masses de rochers, qui pendant long-temps ont dû s'opposer à son passage; mais le temps que la nature ne compte pas, a détruit en partie ces obstacles, et ses eaux glissent entre deux murs verticaux dont elles ont poli les surfaces, s'élancent et retombent en écumant sur les roches qu'elles ont amoncelées sous leur chute. Le *Gour-Saillant* est le nom que l'on donne à cette cascade. L'eau descend de rocher en rocher, se divisant sur les angles, ou s'arrondissant en lames transparentes sur les degrés naturels qu'elle a formés, et continue long-temps encore à blanchir de son écume les rochers accumulés dans le lit du Sichon. Près de la chute principale existent plusieurs gouffres creusés par les efforts réitérés de cette masse liquide qui amortit son impulsion de chaque instant contre des schistes tendres et facilement attaquables. On voit même plusieurs cavités arrondies, occupées chacune par un caillou qui semble y avoir établi sa demeure. Le mouvement que l'eau lui imprime a été suffisant pour qu'il puisse user lentement la matière pierreuse sur laquelle il était déposé, et agissant comme un marteau qui frappe sans cesse, il a creusé autour de lui une cavité assez spacieuse qui s'est remplie d'eau, et dans laquelle il est resté lui-même à l'abri des fortes crûes qui ne peuvent l'entraîner.

Le Gour-Saillant est situé au milieu des bois; les arbres descendent jusqu'au bord de l'eau, et leurs branches, étendues au-dessus de la chute, sont continuellement arrosées de vapeurs. Il était près de midi quand nous y arrivâmes, et nous profitâmes avec plaisir de la fraîcheur que nous offraient les bords de la cascade ; nous descendîmes avec précaution dans la gorge profonde où elle se précipite, et, à l'ombre d'un groupe de trembles, assis

Pl. 6.

Le gour saillans; Vallée du Sichon.

sur un tapis de mousse, entourés des buissons fleuris de la viorne et du chèvre-feuille, nous fîmes honneur aux provisions que nous avions apportées de Vichy. L'eau fut puisée dans une de ces cavités dont nous avons parlé un peu plus haut ; et, nous rappelant alors que, dans ses longs voyages en Amérique, M. de Humboldt avait un jour préparé une boisson rafraîchissante dans un trou de rocher de l'Orénoque, nous voulûmes imiter son exemple; nous fîmes, dans un de ces creux, un mélange d'eau sucrée et d'esprit de citron, que nous bûmes à la santé et à la longue vieillesse de l'illustre voyageur et du plus savant des hommes. Ainsi se termina notre repas champêtre. Nous remontâmes en nous accrochant aux branches, et nous retrouvâmes le sentier que nous avions quitté. Le sol était entièrement formé d'ardoises d'un gris foncé, sur lesquelles croissaient des bouquets de silène et des touffes de linaire. Nous descendîmes près d'une habitation en ruines, dans un lieu que l'on nomme l'Ardoisière, parce qu'en effet on a cherché à en extraire des ardoises. Nous y vîmes encore un puits et une galerie dans laquelle nous entrâmes aussi avant que le jour nous le permit. L'exploitation en est maintenant abandonnée ; car les schistes n'avaient pas les qualités que l'on exige pour les tailler et en faire de bonnes ardoises. Il fallut y renoncer. La chaumière en partie détruite, que nous vîmes en arrivant, était, il y a quelques années, habitée par un ermite. Le frère Jean, s'isolant des vanités de ce monde, s'était emparé d'un ermitage, et y vivait dans un pieux recueillement : la contemplation, l'extase et la prière divisaient ses longues journées. On ignore l'emploi de son temps pendant la nuit; mais tout porte à croire qu'il n'utilisait pas en prières celui qu'il dérobait au sommeil ; car la justice dut s'occuper de l'ermite, et la présence des gendarmes l'obligea d'abandonner son séjour champêtre.

Les bergers qui fréquentent le voisinage assurent que le frère Jean n'a pas entièrement quitté des lieux qui lui étaient chers, et la nuit, quand la lune est sur son déclin, on voit son esprit apparaître sous la forme d'un grand fantôme qui marche sur la forêt et sur les eaux du Sichon, et qui vient arracher une poignée du chaume qui couvre encore son ancien ermitage.

Nous n'attendîmes pas le frère Jean, dont la présence ne pouvait d'ailleurs nous causer ni joie ni surprise, et nous commençâmes de gravir une petite montagne qui était à notre gauche, et que l'on nomme le Pérou. Cette montagne devenait d'autant plus intéressante pour nous, que c'était le seul point des environs de Vichy où l'on eût rencontré une roche volcanique, et c'est à M. le docteur Giraudet, de Cusset, que l'on doit cette découverte : personne avant lui n'en avait fait mention. Effectivement, en arrivant au sommet, nous vîmes une butte de basalte en grosses masses informes, d'où l'on a tiré sans doute la pierre noire de la grosse tour et des remparts de Cusset, ainsi que les deux masses de roche qui sont au commencement de l'allée de Mesdames, en sortant de Vichy. Un château fut construit sur cette pointe basaltique, et l'on prétend qu'il appartenait aux Templiers. Nous vîmes deux tours en partie conservées, et quelques étables à demi-souterraines, creusées dans le basalte qui forme tout le sommet de la montagne. Du haut de ces tours, comme de toutes les parties supérieures de cette colline, la vue est très-belle et très-étendue. On suit une partie du cours du Sichon ; puis, tout autour de ce centre volcanique, on voit les montagnes voisines s'arrondir en demi-cercle, et former comme une espèce d'enceinte en roche porphyrique, au basalte qui s'élève au milieu et domine les environs.

Comme nous ne voulions pas reprendre le même chemin pour retourner à Cusset, nous demeurâmes sur la hauteur, au lieu de redescendre dans la vallée du Sichon, et nous suivîmes un chemin tracé sur un terrain assez aride. Nous laissâmes à gauche la petite chapelle de Sainte-Magdeleine, but de quelques pèlerinages intéressés, lorsque les habitants des campagnes manquent de pluie, et bientôt après nous étions à la côte de Justice, d'où l'on découvre la ville de Cusset. Là se faisaient autrefois les exécutions, et la potence était, pour ainsi dire, en vue de la ville. Aujourd'hui encore ce lieu rappelle un triste souvenir : une croix de bois indique la sépulture d'une jeune fille qui mourut, il y a quelques années, de honte et de désespoir. Agée de dix-neuf ans, appartenant à une famille qui tenait à Cusset un rang élevé dans la société, elle n'avait qu'un moyen de réparer sa faute, et ce moyen lui était interdit par le lien même dans lequel son séducteur était engagé. Un jour elle sort seule de Cusset, et gravit avec peine le sentier escarpé qui devait la conduire au tombeau ; elle monte cependant, elle arrive au sommet, au point même où la croix indique maintenant que ses restes ont été déposés ; et là elle promène une dernière fois ses regards égarés sur l'horizon immense qui se déroule autour d'elle; nulle part elle ne trouve le repos; partout elle se voit poursuivie par la honte et le mépris. Elle a salué pour la dernière fois la maison paternelle où ses chagrins et ses remords ont été repoussés; un étang, près duquel nous venions de passer, se présente à ses yeux; elle y court, et, prête à s'élancer, ses jambes fléchissent, elle tombe à genoux, ses mains se joignent, et là, sur le bord de la tombe, elle demande à Dieu le repos et le pardon qu'elle n'a pu trouver sur la terre. Des bergers qui la voient en prières n'osent troubler son recueillement, et s'éloignent en silence; mais bientôt un bruit lointain les rappelle; elle a trouvé la force de s'élancer, et son corps a disparu. Les secours ne furent pas assez prompts. Résignée d'avance, Dieu ne permit pas qu'elle luttât long-temps contre la mort qu'elle avait tant souhaitée. Sa fosse fut creusée dans le roc; le porphyre reçut sa dépouille mortelle, et un jeune cerisier, planté sur sa tombe, se couvre tous les ans de fleurs d'un blanc pur, que le moindre vent dessèche, et dont les fruits ne mûrissent jamais. Si l'étranger arrose d'une larme de compassion ce simple monument funéraire, la mère de l'infortunée, qui existe encore, doit y verser, comme le fit sa fille, celles du repentir et du désespoir !

Assis près du jeune cerisier, nous avions sous les yeux le grand tableau de la Limagne, que déjà nous avions admiré de la côte de Saint-Amand. Le Vernet et un grand nombre de villages étaient dispersés dans une plaine immense; le château de Randan élevait ses tourelles au-dessus des bois, et le puy de Dôme s'élevait au-dessus de Randan; l'Allier et la Dore serpentaient au loin, et près de nous venaient se réunir le Sichon et le Jolan, entre lesquels la ville de Cusset se développait toute entière. Le soleil était caché derrière de gros nuages pourprés, et toutes les teintes que l'indigo et le carmin peuvent produire par leur mélange, semblaient déposées sur les objets terrestres, dont les contours et les couleurs variaient à chaque instant pendant que nous descendions l'escarpement de porphyre qui domine la ville. Nous ne fîmes que la traverser, et nous arrivâmes à Vichy en suivant la grande route, bien moins pittoresque que les bords du Sichon, mais aussi plus courte et praticable aux *omnibus* de Cusset, dont nous profitâmes avec plaisir.

TROISIÈME PROMENADE.

LES CHATEAUX D'EFFIAT ET DE RANDAN.

Effiat et Randan reçoivent tous les ans de nombreuses visites des buveurs d'eau, et nous ne voulions pas être en retard à leur égard. Depuis quelque temps nous étions retenus à Vichy par des orages continuels et les pluies abondantes qui les accompagnaient : d'affreuses inondations avaient ravagé toute l'Auvergne, et le Bourbonnais s'en était ressenti. L'Allier, souvent grossi par les ruisseaux qui descendaient des montagnes, avait porté plusieurs fois la désolation dans la belle Limagne, et, dans un de ses momens de furie, il avait fait justice du pont de Vichy, monument fort utile, comme nous l'avons déjà dit, mais discordant par ses formes lourdes et massives, avec le beau paysage des environs. Le bac fut rétabli comme autrefois, et nous en profitâmes pour passer l'Allier; car Effiat et Randan sont tous deux situés sur sa rive gauche. Après avoir abandonné le lit de galets que la rivière a transportés, nous en trouvâmes de nouvelles couches qui furent déposées autrefois, lorsque ses eaux atteignaient une plus grande élévation ; puis montant encore un peu, nous atteignîmes le village de Vaisse, où nous vîmes une petite église, et une cloche suspendue entre des pieux au milieu du cimetière. Le village est assez long, et quand nous l'eûmes dépassé, nous rencontrâmes une croix de bois que nous laissâmes à notre gauche, pour prendre la route d'Effiat. Ce chemin est tracé sur un plateau caillouteux ; il était bordé de ronces fleuries, de joncs et de bouquets de millepertuis, dont les fleurs commençaient à s'ouvrir. En face de nous commençaient les grands bois de Randan, et au-dessus un nuage blanchâtre et pelotonné envelopppait le sommet du puy de Dôme. Près de la lisière du bois croissaient de larges touffes d'ajonc (*ulex europeus*), sorte de genêt épineux, si commun sur les côtes de Bretagne, et dont la végétation active annonçait un sol peu fertile, et un terrain sablonneux analogue à celui des Landes. La forêt offrait cependant une fraîcheur admirable ; le feuillage des arbres avait acquis son plus grand développement, et l'écorce luisante des jeunes chênes témoignait de leur force et de leur vigueur. Des allées bien percées, des poteaux indicateurs, une route bien entretenue, tout annonçait l'entrée d'une forêt royale, et nous avions de plus l'avantage de voyager sur une voie romaine. A la vérité elle a été remise à la moderne par toutes les réparations que l'on y a faites, et malgré notre profond respect pour les antiquités, comme cette fois nous étions en voiture, et pressés d'arriver, nous avons adopté complétement le système de la restauration. Cette route était peut-être la continuation de celle que l'on a découverte près de Vichy, et qui conduisait aux anciens thermes que les Romains avaient établis dans cette localité.

Lancés sur l'ancienne voie des empereurs romains, nous vîmes, à gauche près d'un poteau, le *poirier de César*, qui étendait ses rameaux sur la lisière du bois, et qui certes avait été complétement inconnu au conquérant des Gaules. Nous traversâmes ensuite une clairière entièrement cultivée, et nous arrivâmes au bois Garot, hameau bâti sur la lisière de la forêt, où nous rentrâmes bientôt après. Nous en sortîmes enfin pour entrer dans la Limagne qui nous semblait une seconde forêt composée d'arbres plus forts et vigoureux, et dominée par la longue file des volcans d'Auvergne. Effiat paraissait au milieu du tableau, et son château se distinguait de loin, au-dessus des arbres, à ses pavillons couverts en ardoises qui étincelaient sous un soleil ardent. La vue ressemblait à celle que nous avions admirée de la côte de Saint-Amand; mais elle était moins étendue et plus colorée.

Un large chemin bordé de noyers nous conduisit jusqu'à Denone, où nous vîmes encore les tourelles d'un ancien castel; puis une seconde avenue de frênes et d'ormeaux nous amena, sur un pavé détestable, au milieu du village d'Effiat, sous les arbres qui ombragent l'entrée de son château.

Tout ici rappelait encore la grandeur et la munificence du maréchal d'Effiat. De vastes bâtiments, dont les décorations extérieures n'ont jamais été achevées; des fossés encore pleins d'eau, des jardins et un parc immense entouré de murailles; à l'intérieur, des appartements décorés avec tout le luxe du dix-septième siècle : tels furent les objets qui nous frappèrent pendant notre longue visite à Effiat. Le château se compose d'un grand corps de logis, auquel tiennent plusieurs pavillons carrés relevés en dehors de pilastres appliqués contre les murs, et dont plusieurs inachevés ont été remplacés par des peintures qui, pendant les premières années de leur exécution, durent produire un peu d'effet.

Ces pilastres sont en pierre de Volvic, tandis que les matériaux qui ont servi à la construction des bâtiments sont des briques et des moellons de pierre calcaire, qui abondent dans le voisinage. Au reste, l'architecture se ressent de l'époque à laquelle ce château fut bâti, et n'offre rien de gracieux ni d'élégant. Il existait déjà en 1557, et appartenait alors à Gilbert Coiffier, trésorier de France, et général des finances; mais son petit-fils, le maréchal d'Effiat, y fit faire de grandes réparations, et l'augmenta beaucoup. Il y avait fixé sa résidence dans les momens où la paix laissait un peu de repos à la France.

Ce maréchal a joué un rôle assez actif dans l'histoire du dix-septième siècle, par la part qu'il prit aux guerres de cette époque, par son ambassade en Angleterre pour négocier le mariage de Henriette de France avec Charles Ier, et par les charges importantes dont il fut revêtu.

« *Ayant esté eslevé en cour, il paruint à estre*
» *escuyer de la petite escurie du roy Louis XIII,*
» *il auait esté fort agréable à Henri-le-Grand,*
» *estant son page auec le sieur de Messillat,*
» *auxquels, pour être tous deux des mieux à*
» *cheual et bien faits, le roi prenait plaisir à*

» *leur faire trauailler des cheuaux en sa pré-*
» *sence, et quoique ce gentilhomme n'eût pas*
» *estudié, il estait doué d'vn si bon sens, qu'il*
» *n'y auoit point d'affaire dont il ne se desméla*
» *très-bien, quelque difficiles qu'elles fussent,*
» *et esloignées même de la profession qu'il auoit*
» *toujours fait : aussi son bel esprit ayant été re-*
» *connu par monsieur le cardinal de Richelieu,*
» *propre pour luy ayder dans le ministère des*
» *finances du royaume, l'honora de son alliance,*
» *voulant que le sieur de la Meilleraye, son*
» *neueu, depuis fait grand maistre de l'artil-*
» *lerie et mareschal de France, espousa sa fille,*
» *et comme ce marquis (d'Effiat) estoit selon*
» *le cœur de ce grand cardinal, il luy fit tomber*
» *entre ses mains la surintendance qu'il exerça*
» *auec tant d'adresse, qu'il trouua quantité*
» *d'expédiens et des moyens pour recouurer les*
» *deniers qui suffirent à l'entretenement de plus*
» *de cent mille hommes par an que le roy auoit*
» *sur pied, etc..... Et tout cela se fesoit auec*
» *tant d'esprit, qu'il n'a forcé personne à payer*
» *les taxes mises sur les officiers du royaume*
» *pendant la surintendance ; mais les amorçant*
» *par le bon marché en apparence, ou autres*
» *appas de priuiléges ou d'exemptions, qui se*
» *réduisirent depuis en fumée,.... Cet advisé*

» *et véritablement rusé seigneur* (1) *et surin-*
» *tendant ayant bien sceu faire son profit de la*
» *vanité des vns, par le débit des nouueaux*
» *offices qu'il créoit, et la grande cupidité des*
» *autres, pour les droicts nouueaux qu'il impo-*
» *soit. Aussi auoit-il coustume de dire qu'il*
» *trouueroit toujours des dupes, et cela s'est*
» *reconnu vray pendant son administration,*
» *que ceux qui sont venus après n'en ayans pu*
» *faire de mesmes, mais bien contraints après*
» *auoir mis en vsage ce qui restoit de moyens*
» *doux et faciles, de se seruir du rigoureux,*
» *par retranchement de gages et droicts, aug-*
» *mentation d'aydes, tailles, subsides et créa-*
» *tions de nouuelles impositions et droicts* (2). »

Il fut fait maréchal de France le 1er janvier 1631, et fut nommé successivement gouverneur de l'Auvergne, du Bourbonnais, et même du Nivernais, pendant l'absence du duc de Mantoue. Il avait été précédemment gouverneur de l'Anjou; il était chevalier de l'ordre du Saint-Esprit, grand-maître de l'artillerie, par commission, et conseiller d'hon-

---

(1) Son véritable nom était Antoine Coiffier-Rusé, marquis d'Effiat.

(2) *Recherches sur les origines de Clermont*, par Savaron. Edit. de P. Durand.

neur au parlement de Paris. Il fit ériger la terre d'Effiat en marquisat, y réunit un grand nombre d'autres terres, telles que celles de Vichy et de Gannat, dont il avait fait l'acquisition. Pour donner à ses possessions une plus grande importance, il fit ériger à Gannat une élection particulière, qui fut attribuée à la généralité de Moulins, et pour la formation de laquelle on détacha quatre-vingts paroisses de la généralité de Riom. Il avait l'ambition de rendre la seigneurie d'Effiat une des plus belles et des plus considérables du royaume. Il avait le désir d'amener l'Allier sous les murs de son château, malgré la distance de trois lieues qui le séparait de la rivière, et l'élévation du terrain sur lequel il était bâti (1).

La mort l'empêcha de mettre ce projet à exécution. Il avait été désigné pour commander l'armée que le roi envoyait au secours de l'électeur de Trèves; mais étant tombé malade à Litzelstein, il y mourut le 27 juillet 1632, âgé seulement de cinquante et un ans. Son corps fut transporté à Effiat, où il fut enterré, d'après le désir qu'il en avait exprimé dans son testament.

---

(1) Legrand d'Aussy, tome 1, p. 266.

Le maréchal fonda à Effiat une académie et un collége qu'il confia aux prêtres de l'Oratoire; il voulut qu'on y élevât, à ses dépens, douze gentilshommes choisis par préférence dans ses terres, sinon dans la province, et le gouvernement donna suite à cette fondation, en y établissant une école militaire, qui est maintenant supprimée. Enfin, il fit les fonds d'un hôpital, dont il donna l'administration aux religieux de la Charité (1). De toutes ces fondations, c'est la seule qui ait traversé les temps orageux qui ont pesé sur la France. On a respecté le bien du pauvre, et cet asile est encore ouvert à ses douleurs.

Le maréchal laissa trois fils; dont l'un, bien connu sous le nom de Cinq-Mars, fut décapité à Lyon, l'abbé et le marquis d'Effiat. Ce dernier eut un fils qui fut encore seigneur de ce marquisat; mais, après sa mort, cette terre fut vendue au directeur-général des finances, Law, dont les créanciers l'ont vendue à M. de Sampigny-d'Issoncourt.

Ce fut à un descendant direct de cette famille, originaire de Lorraine, que nous demandâmes la permission de visiter le château d'Effiat et ses dépendances. Non-seulement

---

(1) Chabrol, *Coutumes d'Auvergne*, tome 4, p. 770.

elle nous fut accordée, mais M. de Sampigny eut la complaisance de nous montrer lui-même les détails de sa belle propriété. Nous parcourûmes d'abord le jardin qui est derrière le château; il est entouré des anciens fossés, dont une partie seulement a été mise en culture, tandis que l'autre est encore remplie d'eau, et alimentée par des sources qui viennent du parc. Ce jardin est régulier comme ceux que l'on traçait à cette époque; on y voit des arbres taillés, des ifs, des pruniers de Sainte-Lucie, des genèvriers, et des statues de marbre blanc. Un bassin octogone et peu profond en occupe le centre. Il est alimenté par sept filets d'eau qui s'élancent en gerbe. Nous vîmes près du bassin un *hibiscus* de grande dimension; il était couvert de fleurs blanches, et produisait un effet admirable. Un escalier double, placé au fond du jardin, conduit dans le parc qui est très-étendu, mais entièrement cultivé : il reste seulement quelques longues avenues de vieux arbres, à peine fréquentées, si ce n'est par les chars qui vont recueillir les moissons. De l'entrée du parc on voit dans son ensemble une des façades du château. Sur le corps central sont appliqués des pilastres qui n'ont pas été finis, qui sont munis de leur base, et continués en peinture détériorée. Deux pavillons tiennent au château, mais ils sont dissemblables ; celui de droite a été terminé ; celui de gauche présente des pilastres figurés comme ceux du milieu du château. Deux corps de bâtiment entièrement finis sont placés à droite et à gauche de ces deux pavillons, et chacun d'eux présente des fenêtres assez grandes, qui offrent chacune six divisions formées par des pierres de taille. Tout le château est dominé par d'énormes cheminées en brique.

Nous entrâmes dans l'intérieur par la cuisine solidement voûtée, et munie d'un large foyer enfoncé dans la muraille. De là nous passâmes immédiatement dans une première salle entièrement lambrissée et éclairée par trois croisées. Nous y vîmes une grande cheminée dont le manteau était soutenu par des cariatides en pierres peintes. Une énorme tête est au milieu, et au-dessus se trouve un tableau qui représente à peu près l'entrée du port de Marseille. Autour de cette salle existent sept tableaux à l'huile, représentant des scènes pastorales ou des sujets de chasse, plus quatre médaillons contenant des dessins bleus. Un très-beau salon attira ensuite notre attention. Après avoir écarté les rideaux jaunes de ses deux croisées, nous vîmes avec plaisir qu'on avait conservé intact l'ameublement de ce salon : il était parqueté et n'avait pas de plafond. Une grande glace, entourée d'une guirlande dorée, ornait une petite cheminée de marbre blanc. Douze fauteuils et un canapé étaient rangés autour des lambris. Une tapisserie fort belle pour l'époque où elle fut faite, couvrait les siéges et leurs dossiers, et l'artiste avait su varier ses sujets de manière à offrir une série de fables et de scènes pastorales. Sur les dossiers on ne voyait que danses de bergers et de bergères au son de la musette et du hautbois. Les chèvres et les moutons n'étaient pas oubliés. Les siéges présentaient une série d'animaux d'espèces différentes, et le canapé, qui offrait plus d'espace, était orné d'une chasse au léopard qui arrachait une flèche de sa plaie ensanglantée; le tout, selon l'usage du temps, était accompagné de guirlandes de roses, d'œillets et de clous dorés.

Cinq grands tableaux, tirés du roman de don Quichotte, cachaient les murs du salon, et présentaient les teintes les plus vives et les mieux conservées. A gauche en entrant, on voit Sancho avec une figure jeune et moins expressive que celle de son âne, qu'il embrasse de tout son cœur. L'artiste a voulu montrer que l'écurie où se passait la scène était pavée, et il a fait de son mieux. Le bât de l'âne repose sur les pavés, qui ont aussi l'honneur de supporter deux jolies dames munies chacune d'un collier de perles, que l'une porte à son cou, tandis que l'autre a jugé convenable d'en orner sa chevelure. L'écuyer a un haut de chausse violet, rayé de bleu, et un bonnet bleu garni de fourrures, mais moins élevé que celui du grave personnage qui est placé près de lui, et dont les épaules sont couvertes d'un manteau rouge.

Le second tableau représente le chevalier de la triste figure, pendu par le poignet à la fenêtre de l'hôtellerie, dont les barreaux de fer contrastent avec son plumet rouge et sa barbe grise. On regarde le pauvre chevalier à travers les grilles; deux cavaliers sont à côté de Rossinante, tandis que trois dames, placées sous un arbre, sont en contemplation devant cette scène nocturne.

En faisant un demi-tour à droite, on rencontre encore le héros de la Manche assis cette fois dans un fauteuil, et entouré de dames et demoiselles de haut parage, et habillé de rouge. Le fidèle écuyer, chapeau bas, mais aussi vêtu de rouge, avec nœuds de ruban rose sur ses souliers, est debout devant une table chargée de corbeilles de fruits. Les armes du chevalier sont par terre, et une demoiselle à taille fine tient son plat à barbe, tandis que toutes semblent occupées à le servir; il faut excepter cependant le duc et la duchesse assis sur le premier plan du tableau, dans des fauteuils chinés.

Sur la même face du salon, on voit encore Sancho, devenu par son seul mérite gouverneur d'une île, et entouré de ses gens. Cette fois un turban garni de deux marabouts et d'un volumineux rubis, couvre sa tête respectable. Une écharpe rouge est le signe de sa puissance, qui ne s'étend pas pourtant jusqu'à conserver sur sa table les mets délicieux que son médecin en chef fait enlever avec tant de célérité.

Enfin, un dernier tableau, bien plus grand que les autres, fait face à la cheminée, et représente la scène de la tête enchantée. On y voit tout l'intérieur d'un riche appartement, décoré de bustes et tableaux, et dont le plancher est couvert d'un tapis parsemé lui-même d'arabesques. Un buste couronné est placé sur une table couverte d'un tapis à frange d'or. Les personnages sont nombreux, car il y en a treize, tous magnifiquement vêtus, y compris Sancho, qui, cette fois, est muni d'un haut de chausse bleu, d'un pourpoint élégant et d'une épée; il est, du reste, en extase devant la tête enchantée. Don Quichotte, appuyé sur sa lance, conserve sa gravité ordinaire. Tous ces personnages sont debout, excepté deux. On remarque, à droite, une dame fort jolie, dont la tunique est garnie de nombreux arabesques.

Un corridor sépare ce salon de la chambre du maréchal d'Effiat; elle est carrée, avec une alcôve qui contient le grand lit carré de l'ancien gouverneur. Rien n'a été changé; ce sont les mêmes colonnes qui soutiennent le dais et les rideaux rouges avec ganses d'argent; ce sont les mêmes fauteuils évasés, recouverts de la même étoffe que les rideaux. La tapisserie est très-singulière et semble bien plus ancienne que celle du salon. Sur le premier plan, on voit une chasse, au milieu de laquelle on distingue une femme à cheval avec des paniers pleins d'enfants. D'autres personnages ont un costume singulier, et on pourrait, au besoin, y trouver le type de la coiffure à la chinoise et de la mode si tenace des manches en gigot. Les cavaliers ont, au contraire, les cheveux plats comme les paysans de l'Auvergne et du Bourbonnais. Près de la porte, on voit un moulin dont le toit est endommagé, et un meunier en contemplation. En général, tous les détails sont mal faits et disproportionnés. Il y a dans le lointain profusion d'arbres à fruits jaunes et rouges, et au milieu de tout cela, un cerf, un renard, des chiens et des faucons.

Nous visitâmes au premier étage une série d'appartements magnifiques. Ce fut d'abord la salle du trésor dont le plafond est nuancé de diverses couleurs. Les tapisseries sont analogues à celles de la chambre du maréchal, mais nous y remarquâmes une grande cheminée couverte d'arabesques, et sur laquelle est un tableau représentant un jeune homme et une jeune fille qui offrent des fleurs à une divinité. De là, nous entrâmes dans une chambre à coucher toute tendue de soie verte damassée, avec fauteuils de même étoffe, et lit carré à ciel très-élevé, vert et or. On nous ouvrit ensuite la salle des gardes, galerie remarquable par de nombreux tableaux très-frais à figures très-expressives, et offrant l'histoire de Rolland-le-Furieux. Au-dessous de ces tableaux, se trouvent divers médaillons et des arabesques très-variées. Il est bien à regretter que cette belle salle ait été mutilée, et qu'on en ait fait en quelque sorte un corridor. Ce reproche cependant ne doit pas s'adresser au propriétaire actuel, qui a le bon esprit de conserver intacts ces restes de l'ancienne splendeur du marquis d'Effiat.

Une autre chambre à coucher est à l'extrémité de la salle des gardes. Elle est décorée d'une tapisserie à fond blanc, sur laquelle s'élèvent des palmiers réunis par des guirlandes de roses auxquelles sont suspendus des paniers remplis des mêmes fleurs. Le lit a des rideaux zonés de rouge et de rose; le ciel est terminé par une sorte de vase rouge comme ceux du lit du maréchal, et en tout semblable à ceux que l'on voit aujourd'hui dans les églises aux quatre angles des dais. Nous n'avions plus qu'une salle à visiter, c'était la chambre des évêques; elle est tendue de soie cramoisie. Les fauteuils et le canapé sont de même étoffe, et leurs pieds sont entièrement dorés. Les deux lits, de même couleur que les fauteuils, sont ornés de franges d'or, et les poutres du plafond sont chamarrées de dessins bleus et blancs sur un fond brun. Il existe aussi une très-grande cheminée, au-dessus de laquelle est un tableau représentant des forgerons, et à côté une sainte Magdeleine, portrait d'une dame d'un haut parage, enveloppée de ses magnifiques cheveux blonds.

Notre visite à Effiat ne fut pas aussi longue

que la description que nous venons d'en faire, mais elle nous avait vivement intéressés. Nous remerciâmes M. de Sampigny, et nous rejoignîmes la route d'Aigueperse à Randan, où nous arrivâmes sur les deux heures.

A l'exception du château, il n'y a rien à Randan qui soit digne de fixer l'attention. Le village ou la ville, si on le préfère, est bourbeux en tout temps; et pour peu qu'il pleuve quelque jours, il est impossible de le traverser en voiture. C'était pourtant autrefois la capitale du *Randanois*, petite contrée dont Randan était le chef-lieu, et il est encore resté la première commune du canton.

Comme un grand nombre d'autres lieux, Randan doit son origine à un ancien monastère fondé par des religieux de l'ordre de Saint-Benoît. On pense que ce furent eux qui construisirent la chapelle souterraine, qui servit plus tard de tombeau aux anciens seigneurs de Randan. On vit jusqu'en 1822 des ruines que l'on regardait comme celles de ce monastère que l'on appelait aussi le vieux Château. Il paraît qu'il fut fondé du vivant même de saint Benoît; car vingt-sept ans après la mort de ce saint, c'est-à-dire, en 570, il existait déjà, et Grégoire de Tours rapporte qu'il était célèbre par la vertu de ses religieux.

« Je *raconterai* aussi, dit-il, ce qui se passa
» en ce même temps dans le même monas-
» tère (celui de Randan); mais je ne veux pas
» nommer le moine que cela concerne, parce
» qu'il est encore vivant, de peur que, si
» ces écrits lui parvenaient, il ne diminuât
» son mérite, en tombant dans une vaine
» gloire. Un jeune homme étant arrivé au
» monastère, se présenta à l'abbé pour se dé-
» vouer au service de Dieu. L'abbé s'y op-
» posa par beaucoup de raisonnements ; lui
» disant que le service de cet endroit était
» dur, et qu'il ne pourrait jamais accomplir
» tout ce qui lui serait ordonné. Il promit,
» avec l'aide de Dieu, de tout accomplir; en
» sorte que l'abbé le reçut. Peu de jours après,
» lorsqu'il s'était déjà fait remarquer de tous
» par son humilité et sa sainteté, il arriva
» que les moines, sortant les grains de leur
» grenier, en mirent sécher au soleil près
» de cent cinquante boisseaux qu'ils lui don-
» nèrent à garder; et tandis que les autres
» s'occupaient ailleurs, il demeurait à la
» garde du grain. Tout à coup le ciel se cou-
» vrit de nuages, et voilà qu'une forte pluie
» accompagnée du bruit des vents, s'appro-
» chait rapidement du monceau de grains ;
» ce que voyant le moine, il ne savait que

» déterminer ni que faire, pensant que s'il
» appelait les autres, il y avait tant de grains
» qu'ils ne suffiraient pas à les rentrer à eux
» tous dans le grenier. Renonçant donc à
» tout autre soin, il se mit en oraison, priant
« Dieu qu'il ne descendît pas une goutte de
» cette pluie sur le froment; et tandis qu'il
» priait prosterné à terre, les nuages s'ou-
» vrirent, et la pluie tomba en abondance
» autour du monceau, sans mouiller, s'il
» est permis de le dire, un seul grain de
» froment. Les autres moines et l'abbé s'é-
» tant réunis pour venir promptement ra-
» masser le grain, furent témoins de ce mi-
» racle, et cherchant le gardien, l'aperçu-
» rent de loin, prosterné sur le sable, à prier;
» ce que voyant l'abbé, il se prosterna der-
» rière lui, et la pluie passée, l'oraison finie,
» il l'appela et lui dit de se lever; puis l'ayant
» fait prendre, voulut qu'il fût battu de ver-
» ges, disant : « Il te convient, mon fils, de
» croître humblement en crainte et service
» de Dieu, non de te glorifier par des pro-
» diges et des miracles »; et ordonna que,
» renfermé sept jours en sa cellule, il y jeû-
» nât comme un coupable, afin d'empêcher
» que ceci n'engendrât en lui une vaine gloire
» ou quelque autre obstacle à la vertu. Main-

» tenant le même moine, ainsi que nous le
» savons par des hommes dignes de foi, s'a-
» donne à une telle abstinence que, dans les
» jours de carême, il n'avale ni pain, ni au-
» cun aliment, si ce n'est le troisième jour,
» une coupe pleine de tisane. Que Dieu
» veuille l'avoir en sa sainte garde jusqu'à
» la fin de ses jours! »

Selon toute apparence, le monastère de Randan fut détruit, mais déjà quelques maisons s'étaient groupées pour jouir de sa protection, et les ruines qui existaient en 1822 étaient probablement celles d'un château qui s'éleva sur celles du monastère; car dès 1204, Baudoin de Randan en était le seigneur, et Chatard de Randan en 1208. Soixante-seize ans plus tard, Guillaume de Randan, damoiseau, traita avec Chatard de Vichy, seigneur d'Abret, sur les limites de leurs terres. Après l'extinction de cette maison, celle de Polignac posséda pendant plusieurs siècles la terre de Randan, et Jean de Polignac en était seigneur en 1491. Anne de Polignac, veuve du comte de Sancerre, qui fut tué en 1515 à la bataille de Marigna, porta cette seigneurie dans la maison de Larochefoucault, par son mariage avec François de Larochefoucault, prince de Marcillac, qu'elle épousa le 5 février 1518. Est-ce pendant ces trois années de veuvage qu'il faut placer, comme le pense M. de Bastard (1), les amours du chevalier Bayard et de la dame de Randan? Il paraîtrait du moins que ce fut cette belle comtesse qui arrêta quelque temps Bayard en Auvergne, et tandis que les uns prétendent que les vœux du guerrier ne furent point écoutés, d'autres assurent que la noble châtelaine ne fut nullement indifférente à son hommage, et qu'une écharpe attachée à une fenêtre de la tour occidentale, était le signal qui le guidait jusqu'aux fossés du château, où il pénétrait secrètement pendant la nuit, et s'échappait avant le jour.

Anne de Polignac possédait encore Randan en 1551. Charles de Larochefoucault, son fils, lui succéda, et Fulvie Pic de la Mirande, sa veuve, en jouissait en 1564, en qualité de tutrice de ses enfants. Cette terre fut érigée en comté en 1566, et des lettres patentes y réunirent Jussat, Beaumont, Pragoulin et Hauterive. Elle appartint au fameux comte de Randan qui, en 1590, périt au siége d'Issoire. Marie-Catherine de Larochefoucault, gouvernante de Louis XIV, et première dame d'honneur

---

(1) *Recherches sur Randan*, page 168.

de la reine Anne d'Autriche, fit ériger cette terre en duché, par lettres patentes du mois de mars 1661; et déjà, en 1649, le comté avait été déclaré mouvant de la grosse tour du Louvre, et ne devait par conséquent hommage qu'au roi seul. Comme Marie-Catherine de Larochefoucault avait épousé Henri de Beaufremont, marquis de Senecey, leur fille, Marie-Claire de Beaufremont, hérita du duché, et le porta en dot à Jean-Baptiste Gaston de Foix, duc de Candole. Il passa ensuite à la maison de Lorge, et appartenait, en 1732, à Geneviève de Durfort de Lorge, duchesse de Lauzun. Guy de Durfort de Lorge, maréchal de Randan, lui succéda (1); la maison de Choiseul la conserva jusqu'en 1821, époque à laquelle S. A. R. Madame Adélaïde en acheta une portion. Elle acquit les autres parties en 1826, et au moyen de quelques acquisitions partielles, et d'immenses améliorations, elle est parvenue à faire de Randan une très-belle propriété.

Un très-grand parc dans lequel nous nous promenions depuis quelques instants, entoure le château, dont une partie seulement était construite lors de l'acquisition de Madame

---

(1) Chabrol, *Coutumes d'Auvergne*, page 227.

Adélaïde. Il fallut ajouter une autre moitié, et faire accorder les nouvelles constructions avec les anciennes, ce qui présentait d'assez grandes difficultés qui furent heureusement surmontées.

Les constructions sont en briques apparentes et en pierres calcaires tirées des carrières de Chaptuzat, près Aigueperse. Les toits sont couverts en ardoises; les cheminées sont énormes comme celles du château d'Effiat. La façade du côté du nord présente deux pavillons et deux tourelles, au milieu desquelles règne une petite colonnade de l'ordre dorique; au-devant, s'étend la cour d'honneur fermée par une grille demi-circulaire. Les anciens fossés ont été convertis en parterres qui vont se réunir à la terrasse qui s'étend sous la façade du midi. Celle-ci, moins compliquée que l'autre, se compose de deux grosses tours entre lesquelles s'étend le corps du château, qui, de ce côté, paraît avoir un étage de plus que de l'autre. Deux jolis escaliers en fonte occupent la place d'une autre tour qui était au milieu des deux autres, et communiquent à une galerie d'où l'on jouit d'une vue admirable sur la Limagne et les montagnes du Forez. Cette vue est, du reste, celle de la terrasse sur laquelle nous étions,

Une Vue du Chateau de Randan.

et que nous quittâmes pour nous promener un instant dans le parc. Nous y descendîmes par une petite allée tracée dans un taillis de rosiers du Bengale, et de là, nous parcourûmes ses nombreuses allées partout ombragées par des massifs de composition très-variée. Nous passâmes sur la digue d'une pièce d'eau, résultat de grandes dépenses et d'ingénieuses recherches, et nous nous égarâmes de nouveau dans cet immense bosquet. Le parc eût peut-être gagné en élégance, si les massifs moins pressés eussent été séparés par de larges tapis de verdure, et surtout si une source abondante avait pu les arroser et en entretenir la fraîcheur. La princesse n'a rien négligé pour obtenir cette faveur de la nature. Nous vîmes, en face du château, un puits artésien, dont la sonde dirigée avec zèle et avec talent par M. Laplanche, de Gannat, a atteint, sans résultat, la profondeur de six cent trente pieds. On le continuait encore avec persévérance, mais jusqu'à présent on perce une couche immense de marne argilleuse et verdâtre qui, selon toute apparence, forme le fond de la Limagne, et peut-être l'eau, emprisonnée sous sa masse puissante, jaillira-t-elle enfin quand elle sera mise en communication avec le sol extérieur. Un tel résultat changerait bientôt la physionomie de Randan ; les eaux habilement dirigées, et s'échappant du point le plus élevé, iraient embellir le parc et ses alentours, et doubleraient la valeur de cette belle propriété.

Nous visitâmes ensuite les dépendances du château, et nous trouvâmes partout le même ordre et la même propreté. Enfin, nous entrâmes dans l'intérieur, et nous en traversâmes toutes les salles. L'une d'elles nous retint quelque temps ; c'est le musée du château. Des armoires vitrées renferment des armes étrangères, et divers objets de curiosité d'un travail admirable. La salle à manger, qui a remplacé les anciennes cuisines, est, de tous les appartemens, celui qu'on vante le plus aux curieux, et l'on a certainement raison. Elle est voûtée, et entièrement revêtue de stuc de diverses couleurs. Des amours et des arabesques, des oiseaux, des fruits et des grisailles, qui décorent les voûtes et les panneaux, sont l'œuvre de quatre peintres distingués, et sont remarquables par leurs formes gracieuses et l'éclat de leur coloris. Des glaces font face aux croisées, et semblent placer dans l'intérieur ce beau paysage que nous avions admiré de la terrasse et de la galerie. Le parquet offre plusieurs rosaces de bois étrangers, et à chaque extrémité de cette salle, sont deux petits salons qui offrent le même genre de décoration. Les lustres sont en bronze et reçoivent des bougies. Deux demi-lustres, appliqués contre les glaces du fond, se reproduisent indéfiniment par réflexion, et semblent éclairer une immense galerie ou l'un de ces palais de marbre et de cristal dont on a lu les descriptions dans les Mille et une Nuits.

Une petite porte latérale communique avec les cuisines qui forment seules un large bâtiment surmonté d'une terrasse et d'une galerie. Elles sont en rapport avec le siècle actuel et le pays d'abondance où elles sont situées ; mais quand on a traversé toutes les pièces dont elles se composent, quand on a vu surtout en pleine activité les gigantesques tournebroches, les machines à vapeur, et la salle aux casseroles ; quand on a vu chauffer les fours, dresser les pièces d'apparat, et agir la hiérarchie des marmitons aux prises avec un dîner de réception, on se croit encore transporté dans le royaume des fées, et l'on a peine à croire à la réalité d'une si prodigieuse consommation. Près des lieux où se prépare la nourriture du corps, l'âme reçoit aussi la sienne. Une élégante chapelle se trouve placée à l'extrémité des cuisines, et communique avec le château par une galerie supérieure qui conduit à sa tribune.

La chapelle est en stuc comme la salle à manger; trois croisées l'éclairent. Les deux latérales offrent deux tableaux de verres colorés, qui représentent la Foi et l'Espérance. La troisième, placée derrière l'autel, reçoit le jour à travers une toile colorée, et quelques rayons de lumière se répandent sur une statue de la Vierge entourée de chérubins, et posée sur un groupe de nuages. Cette sculpture est due à un artiste de Clermont.

La chapelle, les cuisines, et la plupart des grandes réparations du château, sont dues à M. Pascal Lepage, dont l'éloge est inutile dans les lieux où l'on peut voir son ouvrage.

Telle est l'habitation que S. A. R. Madame Adélaïde vient parfois habiter. Ses bienfaits s'y prolongent plus que son séjour. Elle habille les pauvres et les vieillards; elle donne aux malades les secours que leur fortune ne leur permet pas de réclamer, et de plus elle veille sur l'avenir. Son esprit est trop éclairé pour n'avoir pas compris que l'instruction est le meilleur moyen à opposer à la misère et au malheur, et des écoles ouvertes à ses frais offrent aux jeunes gens des deux sexes le remède dont l'expérience a démontré la puissance. Contre l'oisiveté qui seconde le vice avec tant de force, elle a ouvert des ateliers d'apprentissage pour la dentelle, et jusqu'à Vaisse que nous avions traversé, elle a étendu sa bienfaisance par la création d'une école mutuelle. Quand les louanges que méritent les princes sont basées sur de telles actions, on peut les publier sans crainte d'être compris dans la liste de leurs flatteurs.

Satisfaits de notre journée, nous repartîmes pour Vichy, et nous traversâmes encore les bois de Randan. Le soleil allait bientôt se coucher, et depuis une heure il était caché par de gros nuages qui de temps en temps répandaient sur nous de larges gouttes d'eau tiède. Nous passâmes plusieurs petits ponts construits avec des troncs de chênes garnis de leur écorce, et nous vîmes aussi quelques pavillons rustiques placés sur le bord du chemin que nous suivions. Des poteaux marquaient notre route, et nous rencontrâmes ensuite une croix de pierre nommée la Croix du Trième. L'air était embaumé par le chèvre-feuille et la valériane, dont les fleurs de même couleur que celles de l'héliotrope, répandent comme elles une douce odeur de vanille. La nuit nous surprit, mais heureusement la pluie nous épargna ; le vent avait porté les nuages sur la partie basse de la Limagne.

Notre passage nocturne dans la forêt de Randan, nous rappela naturellement l'aventure d'un bénédictin qui, dans le quatorzième siècle, allait prendre le bonnet de docteur à Paris, et qui fut arrêté et dépouillé par des brigands dans cette même forêt que nous traversions. Il se réfugia demi-nu au prieuré de Thuret, qui n'était éloigné que de trois lieues, et le prieur Aldebrand le combla de soins et d'attention. — Quand pourrai-je, dit le bénédictin en le quittant, reconnaître tout ce que vous faites aujourd'hui pour moi ? — Quand vous serez pape, lui répondit le prieur. — Il ne croyait pas être aussi près de la vérité. Le bénédictin devint Clément VI, et son élévation ne lui fit point oublier son bienfaiteur. Il nomma Aldebran à l'évêché de Toulouse, et le fit son camérier.

Il ne nous arriva rien de semblable ; nous étions fort tranquilles sous le rapport des voleurs, et certes aucun de nous ne pouvait non plus aspirer au saint-siège, même dans l'avenir le plus lointain. Après avoir un peu souffert du mauvais état des chemins qui cessèrent d'être *royaux* en sortant de la forêt, nous arrivâmes près du bac, juste au moment où le batelier venait de se coucher dans sa cabane de paille. Il se dérangea d'assez bonne grâce, voulant sans doute mériter, par son empressement, l'autorisation de remplacer, à nos dépens, la demi-heure de sommeil que nous lui faisions perdre, par un nombre illimité de petits verres d'eau-de-vie, et bientôt après nous étions de retour à notre hôtel, où l'on ne comptait pas nous revoir de la journée.

QUATRIÈME PROMENADE.

SAINT-GERMAIN, BILLY, LAFONT.

L'automne était arrivé, et le mois de septembre était déjà commencé, que nous n'avions pas encore terminé nos courses aux environs de Vichy. Il fallait se presser, et saisir quelques beaux jours pour faire les deux longues promenades que nous avions le projet d'exécuter. Nous partîmes pour Billy, situé à trois lieues des bains, sur le bord même de l'Allier. Il fallut d'abord traverser le Sichon et le Jolan, et nous élever sur un coteau couvert de vignes que nous distinguions de Vichy. Nous étions à pied, et le commencement du voyage fut la partie la plus difficile. Nous arrivâmes cependant, après une grande heure de marche, à un village qu'on appelle Creusier-le-Vieux. Nous y retrouvâmes un terrain calcaire analogue à celui de la côte de Saint-Amand, et il est bien probable que les deux coteaux étaient autrefois réunis, et qu'ils furent séparés par l'action lente mais continue des eaux du Sichon et du Jolan, deux affluens de l'ancien lac de la Limagne.

Creusier offre quelques prairies; il y passe un ruisseau, on y trouve un moulin; puis on remonte bientôt sur le sommet du coteau. Nous nous reposâmes un instant au pied d'une croix de bois placée sur le bord du sentier. D'un côté, les volcans d'Auvergne semblaient sortir du brouillard qui, à cette heure de la journée, cachait encore toute la plaine; de l'autre, les vieilles tours de Billy étaient éclairées par les premiers rayons du soleil; tandis qu'une légère vapeur flottait sur le bourg de Saint-Germain, dont nous étions séparés par de vastes vignobles : l'Allier et ses îles décoraient ce beau paysage que nous eûmes long-temps sous les yeux, en descendant de Creusier à Saint-Germain-des-Fossés. Nous vîmes en effet en arrivant de larges fossés, dans lesquels croissaient des saules et des peupliers qui couvraient entièrement le gazon. La ville est entourée de murailles, et nous y entrâmes par une vieille porte. Elle peut avoir mille habitants, et ne paraît pas avoir été plus considérable; on n'y trouve aucun monument; on sait seulement qu'elle dépendait de la châtellenie de Vichy, et, pour quelques parties seulement, de celle de

Billy. Il y eut autrefois un riche prieuré qui relevait de l'abbaye de Moissac. Pendant les guerres de la religion, Saint-Germain souffrit beaucoup des protestans et des catholiques, qui s'y disputèrent long-temps le passage de l'Allier. Charles IX y coucha le 26 mars 1566, et vint coucher aux Célestins.

Nous sortîmes comme nous étions entrés, par une vieille porte de ville ; et après avoir monté quelques instants, nous nous trouvâmes sur un terrain fertile, dont les cultures variées annonçaient la richesse. Les chemins étaient bordés de menthes, d'érables et de sureaux. De grands liserons grimpaient au milieu de leurs branches, et ouvraient leur corolle d'albâtre entre les grappes noires des troënes et les fruits rouges et quadrangulaires de l'élégant fusain. Çà et là, sur une pelouse verdoyante, s'élevaient les tiges branchues de la chicorée sauvage, portant de grandes fleurs d'un bleu céleste, sur lesquelles venaient se reposer le papillon vulcain aux ailes noires et rouges, et l'argynne aux taches d'argent.

Cette fois, les vieilles tours de Billy paraissaient au-dessus des arbres, et se détachaient sur l'azur du ciel. Nous fîmes notre entrée, comme à Saint-Germain, par une des portes de l'ancienne enceinte de la ville, et bientôt nous nous arrêtâmes pour déjeuner dans l'auberge qui se présentait sous l'aspect le plus favorable à notre appétit. Elle était établie dans une des vieilles casernes du château, et nous y fûmes assez bien traités. En parcourant les rues tortueuses et mal pavées de Billy, nous vîmes plusieurs autres maisons fort anciennes. On nous indiqua, dans le haut de la ville, un individu qui avait affermé le château, et qui pourrait nous en faire voir les ruines. Il s'empressa de satisfaire notre curiosité.

« La châtellenie de Billy, dit de Coiffier, était une des plus étendues des dix-sept châtellenies du Bourbonnais : en y comprenant Varennes, qui y était réuni depuis long-temps, on y comptait, dès le seizième siècle, quatre mille sept à huit cents feux. Le château était de forme ronde, et flanqué de dix tours; au-dessus de ce château, et y attenant, il y avait encore un second château, appelé le Donjon, flanqué de cinq tours, et qui devait avoir été la demeure particulière des princes, lorsqu'ils y faisaient quelque séjour. » Nous vîmes encore plusieurs tours du château extérieur, et il reste aussi quelques parties de son enceinte : ses fossés ont été transformés en jardins. Une porte fort étroite, flanquée de deux grosses tours, et élevée de dix à douze marches au-dessus du sol, nous conduisit dans le donjon, ruiné comme le reste de ce vaste édifice. Nous entrâmes dans une cour très-resserrée, dans laquelle s'ouvre, d'un côté, la salle des gardes, et de l'autre, la chapelle qui était aussi fort petite. Après avoir franchi cette cour, nous nous trouvâmes dans une enceinte qui paraissait circulaire, mais qui était en réalité polygone. Là, sans doute, existaient autrefois les appartemens des seigneurs et des princes; mais les voûtes s'étaient écroulées; les débris avaient été enlevés, et un jardin avait remplacé ces sombres demeures. Déjà des arbres avaient implanté leurs racines sur ces ruines, et deux pruniers rapprochés offraient un seul tronc tordu, dont les deux parties s'étaient greffées par approche. Les murs de cette enceinte avaient au moins dix pieds d'épaisseur. Une galerie régnait sur cette épaisse muraille; on pouvait encore s'y promener en foulant l'herbe et les buissons qui avaient pris naissance sur les restes des créneaux et des machicoulis.

Quatre tourelles, qui consolidaient et protégeaient le donjon, existent encore : une cinquième s'est écroulée. Elles communiquent avec l'intérieur par des portes très-basses et très-étroites, dont quelques-unes sont encore pourvues d'énormes verroux. Ce sont d'affreux cachots, où la lumière pénètre à peine par d'étroites meurtrières. La tour du fond est plus grande et plus large; une ouverture située au milieu du sol communique à un profond souterrain : c'étaient les oubliettes du donjon de Billy. Quand nous entrâmes dans cet antichambre de la mort, un rayon de soleil pénétrait par sa seule ouverture, et venait se peindre sur le mur enfumé de ce noir cachot. Combien de fois les malheureux prisonniers virent-ils arriver ce rayon de lumière qui leur rappelait douloureusement le jour du dehors dont ils étaient privés, ou qui marquait, comme une horloge, l'heure de leur supplice ou de leur liberté?

Près de là s'élève une tour d'observation, polygone et élancée, qui domine tous les environs. Un escalier léger, quoiqu'en pierres de taille, et formé de huit tours de spire superposés, conduisait sur une étroite plate-forme que nous ne pûmes atteindre. Le feu du ciel avait détruit l'œuvre des tyrans, et l'escalier était brisé.

Billy est bâti dans une situation fort agréable; il est entouré de grands arbres, qui se pressent surtout au bord de l'eau. Nous descendîmes un petit sentier assez rapide, qui nous amena près de l'Allier, que nous traversâmes en bateau. Le passage de Billy n'offre jamais de danger, et en tout temps on peut y passer l'eau. Pendant les grandes crues du mois précédent, les bateliers avaient toujours offert de transporter les voyageurs, et dans aucun autre point du cours de la rivière on n'aurait pu, sans imprudence, accepter une telle proposition. Une fois sur l'autre rive, nous jetâmes un dernier regard sur Billy, et nous pénétrâmes bientôt dans la forêt de Marsenac, où nous vîmes les plus vieux chênes du Bourbonnais. Après l'avoir traversée, nous arrivâmes dans une de ces longues avenues qui conduisent au château de Lafont; le jour baissait, nous venions d'ajouter deux lieues à notre promenade, et, sûrs d'obtenir l'hospitalité, nous entrâmes au château.

Lafont n'est pas, comme on le devine déjà, de ces vieux châteaux à tourelles, où les hiboux seuls peuvent se loger, où l'on vit de souvenirs, et où l'on couche dans des lits carrés et de vastes salles fréquentées par des lutins ou des revenants; c'est un château tout à fait moderne, qui contrastait de la manière la plus tranchée avec le vieux manoir féodal que nous avions visité dans la matinée.

La terre de Lafont appartient à M. le comte de Bonneval. Elle a fait partie autrefois des propriétés du duc de Luxembourg, puis elle passa dans la famille des Caponi, que l'on présume être venue en France avec les Médicis. C'était une des plus vastes et des plus anciennes baronnies du Bourbonnais. La haute justice se rendait sur les lieux mêmes, à l'ombre d'un vieux chêne, que les siècles n'ont pas encore détruit, et dont les branches robustes servaient de potence aux criminels. Nous le vîmes au sommet de sa colline, dressant ses rameaux, étalant ses feuilles vigoureuses, et envoyant au loin ses vieilles racines, que la neige abrite tous les ans. La foudre ne l'avait point épargné; son tronc meurtri et les cicatrices de ses branches annonçaient qu'il avait bravé long-temps le feu du ciel; et combien de printemps le verront encore verdir, lorsque celui qui écrit ces lignes aura cessé d'exister, et ne verra plus le réveil de la nature, ni ces belles campagnes qu'il vient de parcourir.

Cet arbre a reçu le nom de chêne *pénenciau*, qu'une étymologie toute naturelle pourrait faire dériver du mot latin *pœnitentia*, ou de l'italien *penitenza*; mais qu'il est peut-être plus juste de considérer comme un dérivé de *pénenciers*, expression sous laquelle on désignait les Bohémiens auxquels le pape avait infligé une pénitence, et qui, pendant long-temps, infestèrent la France. Vivant de vols et de rapines, il n'y aurait rien d'étonnant que quelques-uns d'entre eux eussent été suspendus aux branches du vieux chêne, et la tradition veut du moins qu'une femme y ait perdu la vie.

La terre de Lafont avait alors son château fort, et, comme Billy, il avait sans doute des tourelles et des machicoulis; il fut entièrement brûlé, et le sol qui entoure le château actuel, bâti sur l'emplacement de l'ancien, est imprégné de charbon à une assez grande distance.

Ce château était situé, comme le nouveau, au centre d'une plaine élevée entre la Sioule et l'Allier, et protégé par une large colline boisée; il était en outre défendu par un autre castel appelé *Tire-Oiseau*, centre d'une seigneurie depuis long-temps réunie à Lafont; ce dernier était bâti au milieu d'un grand étang entouré de bois de toutes parts. Nous vîmes encore au milieu de l'eau une île formée par ses débris.

Cette position, si favorable pour la défense et pour les opérations militaires, a été évidemment le théâtre de plusieurs combats, particulièrement à l'époque de nos dissensions civiles et religieuses. La fameuse bataille de Cognac, dont nous avons déjà parlé, a dû occuper toute la surface de la baronnie de Lafont. Tous les ans, les laboureurs y trouvent encore des monnaies d'or et d'argent; les premières, à l'effigie de François Ier; les secondes, à celle de Philippe II, qui excitait et soudoyait la ligue. La valeur de ces pièces est de dix francs pour celles en or, et d'environ trente sous pour la monnaie d'argent.

La terre de Lafont, autrefois couverte d'habitations, protégée par un vieux castel, se dépeupla peu à peu. Çà et là on trouve encore des ruines; un aquéduc romain a été découvert dans le parc, à une petite profondeur; mais la campagne se ressentit long-temps des guerres et des dévastations dont elle fut le théâtre. Toutes les cultures furent négligées; les ronces, les genêts et la bruyère se disputaient un terrain qu'ils partageaient ensuite. L'eau ravinait le sol, et entraînait au loin l'humus formé par les débris des végétaux. Une couche de galets cachait la terre cultivable, et l'homme n'y espérait plus de moissons.

C'est sur ces landes improductives que vint se placer M. de Bonneval; et ceux qui n'ont pas vu Lafont à cette époque, ne comprendront pas le travail et la persévérance qui étaient nécessaires pour changer si complétement l'aspect d'une aussi vaste étendue de terrain.

Plus de trente-deux métairies furent construites en quatre ans sur les points les plus élevés et les moins productifs. Plus de trente ménages qui les habitent ont échangé leur puissance de travail contre les produits du sol qui cette fois a répondu à leurs sueurs.

Des amas d'eau considérables ont été établis partout où la déclivité du terrain le permettait; des ruisseaux s'en échappent, contournant les coteaux, et retombant dans de nouveaux réservoirs, ils vont porter la vie d'une extrémité à l'autre de la propriété. La masse d'eau, recueillie dans les serves, est de soixante-cinq mille mètres cubes, et peut en général être renouvelée trois fois par an. Cinq cents arpents de bois entourent les terres cultivées, où de belles prairies artificielles ont remplacé les anciennes broussailles, et viennent joindre le vaste rideau de forêts qui domine la rive gauche de l'Allier, depuis Randan jusqu'à Briailles, près Saint-Pourçain. Cinquante avenues, dont plusieurs nouvellement plantées, traversent les bois de la terre de Lafont; et un grand nombre d'entre elles viennent aboutir au château. Elles sont larges, très-longues, et rendent l'exploitation facile, en activant la surveillance. Le château se trouvait à peu près dans le même état que les terres, quand M. de Bonneval en fit l'acquisition; il sut décorer avec goût les épaisses murailles qui existaient alors; il sut en faire une habitation charmante, qu'il entoura d'un parc, dont la surface est de quatre-vingt mille toises. Nous fûmes frappés en arrivant de la fraîcheur de la prairie, de la vigueur des massifs, de la profusion des fleurs qui s'offraient à nos yeux. De larges allées, gracieusement dessinées, conduisaient au château, dont le perron lui-même offrait un parterre de reines-marguerites de toutes les couleurs. Au milieu de la pelouse, s'élevaient des touffes de dahlia, aux fleurs pleines et colorées; ailleurs, des groupes de peupliers d'Amérique, aux larges feuilles luisantes, s'élevaient au-dessus des sumacs, dont les feuilles rougies par l'automne se mêlaient encore au vert pur des cytises, et aux branches jaunies des viornes et des acacias. D'élégants liserons, aux corolles tricolores, grimpaient autour de leurs troncs, s'enlaçaient dans leurs rameaux, et offraient chaque jour des fleurs éphémères que le soleil faisait éclore, et que la nuit fermait pour toujours.

Plusieurs pièces d'eau occupaient les parties basses. Quelques saules pleureurs confondaient leurs rameaux débiles avec les épis purpurins du sarrasin d'Orient, et les groupes d'aster bleus, qui végétaient encore sous leur ombre étrangère. Près de là, nous remarquâmes une petite source ferrugineuse, dont les eaux déposent un ciment qui durcit bientôt la terre exposée à son action, et nous expliquait la présence, dans tous les environs, d'une roche cimentée par de l'oxide de fer, et colorée par la même substance.

Les genêts, la fougère et la mauve sauvage se glissaient encore dans quelques parties du parc, pénétraient dans certains massifs, et semblaient se cacher sur une terre conquise, où ils ne devaient plus se montrer, et qu'ils avaient long-temps dominée en maîtres. En effet, les travaux de M. de Bonneval sont loin d'être terminés; mais ce qu'il a fait en si peu de temps est immense, et le passé répond de l'avenir. Nous pouvons dire avec vérité, et sans crainte d'être accusé de partialité, que la grande opération agricole de Lafont est l'une des plus importantes et des mieux conçues, dont nous ayons eu connaissance depuis long-temps; et nous engageons vivement les personnes qui s'occupent d'agriculture, ou qui, sous le rapport du goût, désirent quelques bons exemples, à visiter Lafont, et à demander quelques avis à son propriétaire (1).

Nous avions été si bien accueillis à Lafont, qu'il fallait réellement du courage pour partir; c'est pourtant ce que nous fîmes le surlendemain de notre arrivée, et cela, par un brouillard si épais que nous ne pûmes rien distinguer sur notre route. Nous retournions à Vichy, qui n'en est éloigné que de deux petites lieues, et dès neuf heures du matin, nous arrivions près de l'Allier. Nous fûmes très-surpris de voir, sur le bord même de la rivière, un rassemblement de quatre à cinq cents personnes, et d'environ cinquante voitures, et notre étonnement ne cessa qu'en apprenant que le 10 septembre était jour de foire à Cusset.

Il fallut, bon gré, mal gré, attendre une très-grande heure avant de trouver une très-petite place sur le bateau. On ne passait cependant pas par ordre d'arrivée; mais il y

---

(1) M. le comte de Bonneval a eu la complaisance de me faire voir avec détails son immense propriété; et M. de Salvert a bien voulu me donner les renseignements historiques qu'il a recueillis lui-même dans les archives de Lafont. Si cet article a pu offrir quelqu'intérêt, il est dû entièrement à l'obligeance de ces Messieurs à mon égard, et je les prie d'en agréer mes remercîments.

avait un tel empressement pour parvenir des premiers à Cusset, que l'on risquait seulement d'être poussé dans l'eau, ou de se trouver empalé sur une corne de vache. Au reste, nous ne perdîmes pas notre temps; car nous fûmes témoins d'une série de scènes tumultueuses qui nous amusèrent infiniment.

On commençait par arranger symétriquement dans le bac cinq à six chars munis chacun de deux vaches, et les vides étaient remplis par les cavaliers ou par quelques petites voitures attelées de deux ânes. Les interstices étaient comblés par les piétons, les porcs et les chiens. Quand cette cargaison était complète, le batelier, aidé de deux hommes, ébranlait sa lourde embarcation, qui, suivant la corde goudronnée, conduisait à bord ce singulier mélange, qui s'écoulait ensuite sur la route de Cusset. Dix fois le bac s'approcha de nous, et dix fois il repartit chargé, sans que nous ayons osé nous lancer au milieu de la foule turbulente qui s'y projetait avec une incroyable ardeur. Deux religieuses, qui arrivèrent peu de temps après nous, ne purent obtenir aucun privilége pour leur caractère ecclésiastique; elles se réfugièrent dans la cabane de paille du batelier, pour soustraire leurs oreilles aux juremens prolongés et si souvent répétés d'une grande partie des assistans. Il y avait environ dix minutes qu'elles s'y étaient réfugiées, lorsque de grands cris partirent de cette cabane, et nous vîmes les religieuses s'enfuir à toutes jambes. On ne tarda pas à découvrir la cause de leurs cris : un voiturier, chargé de fromages d'Auvergne, venait d'arriver au milieu des autres, et désirant obtenir un passe-droit, il fallait d'abord gagner les bonnes grâces du batelier. Saisissant l'instant où ce dernier avait les yeux fixés sur lui, il lança adroitement et en guise d'offrande une douzaine de fromages par une ouverture qui était en haut de la cabane. Ce cadeau, emballé en deux paquets, vint frapper, de ses deux coups, la même religieuse, qui en fut vivement effrayée et légèrement meurtrie. De grands éclats de rire succédèrent à la compassion que les assistans avaient de suite témoignée à ces pauvres sœurs, et la joie se prolongeait encore quand de nouvelles clameurs s'élevèrent du bateau qui était alors au milieu de la rivière. Un des hommes qui, monté sur le bord, poussait à la corde pour le faire avancer, était resté suspendu par les deux mains, et trempait dans l'eau jusqu'aux genoux. Il était difficile de lui porter secours ; le batelier seul pouvait le faire en ramenant le bac sous lui pour le recueillir ; mais il ne s'en inquiéta nullement, et conduisit son monde à bord. Quelques minutes après, le malheureux tomba au milieu de l'Allier, disparut, revint sur l'eau, et disparut encore. Les femmes pleuraient, imploraient tous les saints pour le sauver, et les deux religieuses, à peine remises de leur effroi, récitaient pieusement les prières des agonisans, pour sauver son âme, si son corps devait bientôt s'en séparer. Toutes ces précautions étaient inutiles ; il revint sur l'eau, se mit à rire de toutes ses forces de l'effroi qu'il avait causé, et gagna lestement à la nage un bateau situé sur l'autre rive. Le voiturier qui avait fait l'offrande des fromages, profita de l'événement qui venait d'avoir lieu pour se mettre au premier rang, qu'il n'obtint cependant qu'à la faveur d'un certain nombre de coups de poings qu'il distribua avec impartialité à quelques paysans du Bourbonnais qui lui barraient le passage. Il soutint avec moins de force une discussion avec deux voyageurs qui venaient de Vichy, et qui ne purent faire sortir leur voiture du bac que lorsque la sienne y fut placée à son aise ; le tout, à la grande frayeur de deux dames qui les accompagnaient. Enfin, cette fois, on chargea tant le bateau, qu'une vache, en voulant reculer, tomba dans la rivière, et parvint pourtant à se sauver à la nage, malgré les pleurs et les cris de détresse de sa propriétaire. Il fallut nous résoudre à grossir la foule, et nous nous plaçâmes en arrière du bac, près d'une marchande chargée de bagues et médailles du bienheureux saint Hubert. Il y avait avec nous au moins quarante porcs, dont les plus dociles étaient attachés par une patte de derrière, tandis que les autres étaient placés dans les bras de leurs conducteurs, qui, du geste et de la voix, les engageaient à se taire. Il n'en fut rien cependant, et si vous ajoutez à cette harmonie, le babillage de cinquante personnes, les cris de cent canards enfermés dans de vastes paniers, les jurons du batelier, le hennissement prolongé d'un âne portant Polichinelle et sa suite, vous ne pourrez pas encore juger de la situation de nos oreilles, car il faudrait ajouter à ce concert, les hurlements de deux chiens qui ne purent mieux faire, et les plaintes d'un pauvre homme, dont le panier de poires fondantes, éventré par la corne d'une vache, avait dispersé ses fruits dans la couche de bouse qui cachait les planches du bateau.

A ces petits accidents près, tout le monde

arriva bien portant sur la plage cailloute use qui sépare Vichy du bord de l'Allier. Nous avions critiqué le pont suspendu; mais nous n'avions jamais contesté son utilité; notre heure d'attente, que nous regardâmes comme une punition de notre irrévérence envers l'architecte, nous confirma dans les mêmes sentimens.

CINQUIÈME PROMENADE.

LE CHATEAU DE BUSSET, CHATELDON, RIS.

Des matinées froides et brumeuses avaient chassé tous les buveurs de Vichy. Des pluies presque continuelles avaient interrompu leurs promenades ; l'été s'était passé dans l'attente des beaux jours. J'étais resté seul à la fin de l'automne, et voulant arranger mon départ avec une dernière promenade, je résolus d'aller à Thiers prendre la diligence de Clermont. Je pouvais en passant voir le château de Busset, traverser Ris, visiter Châteldon et jeter un coup d'œil sur Puy-Guillaume. Ce plan me convenait parfaitement ; je partis seul et à pied. Cassini devait me servir de guide, car, excepté Thiers, je ne connaissais aucun des lieux que j'allais parcourir.

Je passai d'abord à Cusset, et je suivis les bords du Sichon jusqu'auprès des Grivats; m'éloignant ensuite sur la droite, je parcourus un pays très-sauvage, marchant toujours sur un terrain de porphyre ou d'ardoise. De temps en temps il fallait traverser de petites vallées arrosées par des ruisseaux qui, sur certains points, étaient retenus pour former des étangs. Je passai aux Agauts, puis de là aux Gays, deux misérables hameaux entourés de plaines de genêts et déjà situés à une grande élévation. Les tours du château de Busset me paraissaient très-rapprochées, et j'espérais bientôt les atteindre, quand je vis devant moi une profonde crevasse du terrain primitif sur lequel je marchais. Un ruisseau coulait au loin sous mes pieds, et cachait son cours sous des groupes d'aulnes et de larges fougères. Des bouquets de chênes et des touffes de bruyères encore fleuries, tapissaient les flancs du ravin et ombrageaient ses rochers. Une étroite prairie suivait le cours de l'eau, et m'indiquait les points les plus bas et les moins arides. Dans toutes ces montagnes, qui sont les dernières ondulations de la chaîne du Forêz, on rencontre souvent des sites semblables, et on les désigne sous le nom expressif de *Gouttes*. Je n'en trouvai plus d'autre avant le château de Busset qui s'élève au-dessus du village, et qui se fait remarquer de suite par la masse imposante de ses bâtimens, et par une tour très-élevée appelée la Tour de Riom.

Ce château appartint long-temps à la maison

de Vichy. Guillaume de Vichy en était seigneur en 1374; il assista à l'hommage rendu par Beraud Dauphin à l'abbaye de Cluni, pour Chillat, dépendant de la baronnie de Mercœur. Busset passa ensuite à la maison d'Allègre, puis enfin à celle de Bourbon, par le mariage de Marguerite d'Allègre avec Pierre de Bourbon, dont les descendants le possèdent actuellement.

Cette branche de la maison de Bourbon a pour tige Louis de Bourbon, nommé à l'évêché de Liége, qui épousa la veuve du duc de Gueldres, de la maison de Casimir. Il était fils de Charles Ier, duc de Bourbon (descendant de Robert de France), et d'Agnès de Bourgogne. Il fut tué en 1469, par le fameux Guillaume de la Mark, que sa férocité avait fait surnommer le *sanglier des Ardennes*. Sa veuve et ensuite ses descendants eurent beaucoup de peine à faire considérer le mariage de Louis comme légitime. Il s'était marié en Allemagne sans le consentement du roi et de son frère, et ce ne fut qu'en 1618, qu'ils obtinrent l'enregistrement au parlement, des lettres que le roi avait accordées à Philippe de Bourbon-Busset, lettres par lesquelles tous les descendants de Louis étaient reconnus vrais et légitimes héritiers de la maison de Bourbon, mais sans pouvoir demander aucun partage.

Les seigneurs de Busset ont souvent occupé des postes éminents dans l'état : Philippe de Bourbon fut gouverneur de Carlat et de Murat, et fut tué à la bataille de Saint-Quentin, le 10 août 1557; son frère Claude de Bourbon fut gouverneur du Limousin; Louis de Bourbon, lieutenant-général d'artillerie, perdit la vie au siége de Fribourg, le 10 novembre 1677 (1).

Après avoir vu du dehors la vaste enceinte de ce château, je désirais beaucoup en voir l'intérieur, et, après quelques momens d'hésitation, je fis demander à M. le comte de Bourbon la permission de me présenter chez lui. Non-seulement elle me fut accordée, mais il eut la bonté de me retenir le reste du jour, et de me faire voir lui-même les grandes salles du château, sa longue terrasse et les appartements qu'il avait fait décorer. Je fus comblé de politesse par Mme la comtesse de Bourbon, et madame la duchesse de Gontaud, sa mère, qui habitait, pour quelques temps encore, le beau site que je venais visiter. Après les longs corridors, les beaux

---

(1) Chabrol, *Coutumes d'Auvergne*, tome 4, p. 148.

Vue du Château de Busset.

escaliers et le grand manteau de la cheminée de la cuisine, je ne vis plus rien de remarquable qu'une salle basse qui avait été décorée de peintures représentant la passion de Jésus-Christ. Ce qui me frappa le plus fut la situation de ce château, qui domine un pays considérable. De la terrasse on voit Clermont ou du moins sa cathédrale, qui paraît comme un point noir sur un fond gris. L'Allier et la Dore serpentent au pied de ses montagnes, se développent dans la plaine, et confondent leurs eaux devant la petite ville de Ris, qui semble perdue dans les replis de vastes vignobles. Le puy de Dôme en est séparé par toute la Limagne, et le mont Dore, souvent enveloppé de brouillards, limite l'horizon à vingt lieues de distance. Je revis le lendemain matin ce paysage sous une autre parure. Une gelée blanche avait givré tous les arbres encore munis de leurs feuilles, et des amas de vapeurs s'élevaient en pelotons légers au-dessus du cours de la Dore et de la ligne sinueuse que traçait l'Allier. Le froid m'empêcha de dessiner le château de Busset. M. Bénêche, instituteur des fils de M. le comte de Bourbon, voulut bien me promettre de m'envoyer cette vue, et le dessin joint à cette notice, prouve qu'il a su joindre l'exactitude des lieux à celle de sa promesse.

En partant de Busset, je passai sous un bouquet de pins rouges qui végétaient sur un filon de porphyre, et je continuai de marcher dans un pays montueux et raviné. Çà et là paraissaient quelques groupes de chênes, des buissons de houx et de petits bois de pins, comme celui que je venais de traverser. J'aperçus au sommet du puy Aigu les restes d'un vieux château entouré d'arbres ; puis, descendant à travers une plaine couverte de genêts, j'atteignis bientôt la région des vignes, jouissant toujours d'une vue étendue sur la Limagne. Enfin, je traversai le village de Mariol, situé au bas des nombreuses collines que je venais de descendre. Près de Ris, je retrouvai un terrain formé par des assises d'argile et de gravier, qui, dégradées par les eaux, offraient des formes fantastiques fort singulières. Un ravin élargi me servit de grand chemin, et je traversai l'ancienne ville *de Rivis*, où je ne vis rien d'assez curieux pour y attirer les promeneurs. Ris était autrefois un prieuré de l'ordre de Cluni, qui, selon Prohet, avait été fondé en 952 par Amblard de Thiers, archevêque de Lyon, et par saint Odile, selon Piganiol. La justice appartenait au prieur, et s'étendait sur la paroisse de la Chaux. En 1622, le roi accorda aux religieux le droit de foire et marché (1).

J'aperçus en sortant de Ris une petite vallée fermée autrefois par une roche de granite et de porphyre, dont l'eau a usé les parois, et d'où s'échappe maintenant un ruisseau. Je montai sur des coteaux plantés de vignes, et je descendis à Châteldon, après avoir marché une bonne demi-heure.

Cette petite ville est très-ancienne et bâtie dans le fond d'une vallée sur des sables granitiques. Elle était flanquée de grosses tours dont on voit encore les ruines, ainsi que l'enceinte de la ville. Un ruisseau descendant des montagnes voisines vient baigner ses vieilles murailles, et coule sur un lit rocailleux. Plusieurs petits ponts établissent des communications entre la campagne et les rues tortueuses et étroites de Châteldon. La plupart des maisons sont en bois, avec des étages qui avancent au-dessus de la rue. Les vides que laisse la charpente, sont remplis par de la maçonnerie. Plusieurs d'entre elles offrent une certaine élégance, et devaient appartenir autrefois à de riches vilains. Nous vîmes aussi la tour de l'horloge située près d'un petit pont

---

(1) Chabrol, *Coutumes d'Auvergne*, tome 4, p. 512.

au milieu de la ville, et le vieux château dont les murailles noircies supportaient de longues guirlandes de lierre et les bouquets lilas de la scabieuse. Ce château occupe la partie la plus élevée de la ville. Il est encore entouré de ses remparts qui dominent toute la Limagne, et d'où l'on découvre sous ses pieds de riches coteaux couverts de vignobles, dont les vins partagent la renommée de ceux de Ris, et sont considérés comme les meilleurs d'Auvergne. L'église semble aussi fort ancienne, quoiqu'on y ait adapté un clocher neuf : on y voit un portail assez remarquable par la présence de deux modillons, dont l'un représente un moine portant un rouleau sur sa tête, et l'autre un satyre écorché. Audessus, se trouvent quelques niches qui, selon toute apparence, contenaient des figures de saints. Nous vîmes dans le chœur de très-grands tableaux représentant les quatre évangélistes bien plus grands que nature, tandis que dans le fond se trouve une descente de croix.

Châteldon a aussi des eaux minérales qui ont acquis une réputation méritée, et que je tenais beaucoup à visiter. La source est située hors de la ville, sur le bord du ruisseau qui vient baigner ses murs. Elle est peu abondante, gazeuse et ferrugineuse; elle paraît avoir les plus grands rapports avec l'eau de Spa. La fontaine est entourée d'une petite muraille qui la met ordinairement à l'abri des inondations. L'eau en est claire, limpide, aigrelette, et laisse dans la bouche une légère saveur de fer et d'alcali. Elle contient une assez grande quantité d'acide carbonique, qui la rend mousseuse et pétillante, lorsqu'on débouche les vases qui la renfermaient. Les réactifs y indiquent de l'oxide de fer, des carbonates de soude et de magnésie, et de l'hydrochlorate de soude.

Ces eaux ont été étudiées avec soin, sous le rapport médical, par le docteur Desbrest, qui en était inspecteur, et qui, en 1778, a publié un ouvrage destiné à faire connaître leurs propriétés médicales. C'est cet ouvrage, très-bien fait pour l'époque à laquelle il a été écrit, qui a fait la réputation de ces eaux. C'est aujourd'hui le petit-fils du docteur Desbrest qui en est le propriétaire et le médecin-inspecteur.

Ces eaux ne sont pas aussi usitées qu'elles mériteraient de l'être; car elles réussissent dans un grand nombre de maladies, et ne font jamais de mal à ceux qu'elles ne soulagent pas.

On peut leur appliquer en partie ce que j'ai dit des propriétés médicales des eaux de Vichy ; mais celles qui m'occupent en ce moment, ne sont jamais employées à l'extérieur ; c'est en boisson qu'elles sont administrées ; c'est à l'intérieur qu'elles agissent.

La présence du fer leur donne une action tonique que ne présentent pas les eaux de Vichy ; aussi s'en sert-on avec succès dans les pâles couleurs, les affections hystériques, et dans la plupart des maladies auxquelles les femmes sont exposées. Elles ont une influence bien marquée dans les maladies chroniques des voies digestives, dans les gastrites, et lorsque cette maladie de l'estomac coïncide avec l'état maladif des intestins. L'acide carbonique qu'elles contiennent agit puissamment contre les vomissemens, et lorsque l'estomac délabré occasione un dégoût insurmontable pour la plupart des aliments. Ce même acide, uni à la soude, leur donne des propriétés bien constatées dans le traitement des maladies de la vessie, qui produisent la rétention d'urine ou son incontinence, et dans celles qui sont dues à la présence de calculs dans cet organe, ou à leur formation dans les reins et les urétères. Si elles n'agissent pas avec autant d'intensité que les eaux de Vichy, pour combattre les obstructions des viscères abdominaux, elles ont du moins l'avantage de ne pas fatiguer l'estomac de quelques personnes qui ne peuvent supporter les premières.

Etant rafraîchissantes, les eaux de Châteldon conviennent très-bien comme moyen prédisposant dans les maladies de la peau, et principalement dans le traitement des couperoses, rougeurs et démangeaisons diverses. Enfin, le docteur Desbrest assure qu'on ne peut révoquer en doute la propriété dont elles jouissent, de favoriser la conception. On attribue, il est vrai, cette vertu à toutes les eaux minérales, mais celles de Châteldon doivent occuper le premier rang. Ces eaux minérales ont, comme toutes les autres, des propriétés plus actives, lorsqu'on les boit sur les lieux ; cependant elles supportent très-bien le transport. On les boit ordinairement froides ou tiédies au bain marie. Froides, elles conviennent mieux aux estomacs faibles et paresseux. On peut aussi les couper avec du vin, en boire à ses repas, et obtenir ainsi une boisson tonique souvent très-utile et toujours très-agréable.

On peut boire ces eaux dans toutes les saisons, quoique le printemps et l'été soient préférables. On les prend par verre dans la matinée, ou pendant ses repas. La dose est d'une pinte par jour ; mais on peut la porter à deux sans le moindre inconvénient. Elles s'allient très-bien avec le lait, et l'on peut y délayer avec succès quelque sirop adoucissant, lorsque les personnes qui les emploient ont la poitrine un peu délicate (1). On doit en prolonger l'usage dans les maladies chroniques ; car une maladie qui est venue lentement, qui s'est long-temps aggravée, ne peut, dans aucun cas, être guérie par des moyens prompts. Le mal vient toujours plus vite qu'il ne nous quitte.

En étudiant un peu la propriété des eaux de Châteldon, on y trouve beaucoup d'analogie avec les eaux de Seltz naturelles, quoique cependant elles soient plus ferrugineuses que ces dernières ; et si elles contenaient moins de matières salines, elles seraient semblables à celles de Spa, avec lesquelles elles ont, comme nous l'avons déjà dit, la plus grande analogie. Voici ce qu'en disait Raulin, ancien inspecteur des eaux minérales du royaume de

_____

(1) Emmanuel Desbret, inspecteur des eaux de Châteldon, *Précis sur les eaux minérales et médicales de Châteldon*, in-8° ; page 6.

France (1) : « Les eaux de Spa et celles de Châteldon sont imbues des mêmes principes minéraux ; celles-ci sont plus riches que les autres ; elles en contiennent qui ne se trouvent pas dans les premières : ces principes propres aux eaux de Châteldon, donnent de l'étendue et de l'énergie à leurs propriétés, ce qui établit leur supériorité sur celles de Spa, dans les incommodités et les maladies auxquelles les unes et les autres peuvent convenir. Les eaux de Spa contiennent plus de substances ferrugineuses que celles de Châteldon qui sont également martiales. Bien loin que ce soit un avantage pour les premières, c'est au contraire une forte raison pour établir la supériorité des eaux de Châteldon sur celles de Spa. Le célèbre Palissy qui, vers le milieu du seizième siècle, brillait à Paris, y disait, dans ses leçons publiques, que, si les eaux de Spa avaient plus de réputation que d'autres de la même espèce, ce n'était que parce qu'elles avaient été publiées les premières par les habitants du lieu. »

Outre la fontaine dont je viens de parler,

---

(1) *Parallèle des eaux minérales d'Allemagne et de France.*

et que l'on désigne ordinairement sous le nom de *Source des Vignes*, il y en a une autre dont les propriétés sont analogues, et que l'on appelle *Source de la Montagne*. Elle est aussi placée sur le bord d'un ruissseau qui coule de l'est à l'ouest, et assez près de la première source.

J'appris avec grand plaisir qu'on allait enfin donner une plus grande publicité aux eaux de Châteldon, et qu'une compagnie s'était organisée pour les rendre plus gazeuses, et en étendre l'exportation. On profiterait du gaz naturel, pour le refouler dans les eaux, comme cela se pratique à Vichy, et l'on obtiendrait ainsi une eau minérale très-active, dont la consommation ne pourrait manquer de devenir considérable.

J'étais resté assez long-temps à Châteldon, et quand je quittai cette petite ville, je montai une colline entièrement cultivée, couverte de vignes, de jardins, et de plusieurs espèces d'arbres fruitiers. Le chemin était creusé dans un dépôt de sable granitique, qui est appliqué sur le terrain primitif, et qui, dans quelques parties de la vallée de Châteldon, est coloré en rouge par de l'oxide de fer. Quelques filets d'eau venaient suinter à travers ces sables, et ruisselaient sur le chemin que je suivais. Ils entretenaient encore une fraîche végétation composée de mousses et de jolis capillaires, qui disparaissaient quelquefois sous les tiges rampantes du lierre terrestre. Au sommet du coteau, je retrouvai la vue magnifique que j'avais eue des hauteurs de Busset. Je laissai à gauche le château de Lamothe et son parc de vieux arbres ; je suivis une avenue bordée de noyers ; je rencontrai quelques étangs, ou, pour parler plus exactement, quelques mares bourbeuses que le soleil d'automne ne pouvait plus dessécher ; puis, une avenue de grands chênes me conduisit sur la route de Puy-Guillaume. Il y eut dans ce bourg une prévôté royale qui existait en 1475. Il y avait alors un château qui fut détruit depuis cette époque. C'est au siége de cette forteresse que l'on commença à faire usage de l'artillerie contre les hommes. Jusque-là le canon n'avait servi qu'à battre en brèche les solides murailles des donjons et des castels, et l'on regardait comme un lâche assassinat de diriger sur des hommes une arme contre laquelle la force et le courage devenaient inutiles. Les temps sont bien changés !

Il faut espérer que Puy-Guillaume, dont le château n'existe plus, restera long-temps sans voir paraître d'artillerie moderne. C'est un chef-lieu de canton sans importance. Il y a cependant un port où l'on amène de la houille pour les petites usines de Thiers et des environs. On voulut même y construire des bateaux, mais il fallait tirer les bois de Noirtable, et les ouvriers de Jumeaux ; en sorte que cette industrie peu productive fut bientôt abandonnée. On m'assura que sur le bord de la Dore, il existait près de là une source minérale que l'on employait contre les coliques, mais dont la réputation n'avait pas encore franchi les limites du canton.

Forcé de me reposer quelque temps à Puy-Guillaume, je ne pus en partir que le soir. Le vent du nord venait de s'élever, et chassait devant lui quelques nuages qui s'étaient formés dans la journée ; la lune parut brillante sur un ciel étoilé, et j'entrai à Thiers au milieu de nombreux vignerons qui cherchaient à soustraire la vendange, à la gelée qui menaçait de l'atteindre pendant la nuit.

FIN.

www.ingramcontent.com/pod-product-compliance
Lightning Source LLC
Chambersburg PA
CBHW070633170426
43200CB00010B/2004